_____ 님의 소중한 미래를 위해
이 책을 드립니다.

이쁘게 관계 맺는
당신이 좋다

주변에 사람이 모여드는 관계 맺기 습관

이쁘게 관계 맺는
당신이 좋다

임영주 지음

메이트북스

메이트북스 우리는 책이 독자를 위한 것임을 잊지 않는다.
우리는 독자의 꿈을 사랑하고,
그 꿈이 실현될 수 있는 도구를 세상에 내놓는다.

이쁘게 관계 맺는 당신이 좋다

초판 1쇄 발행 2023년 6월 1일 ┃ 지은이 임영주
펴낸곳 (주)원앤원콘텐츠그룹 ┃ 펴낸이 강현규·정영훈
책임편집 안정연 ┃ 편집 박은지·남수정 ┃ 디자인 최선희
마케팅 김형진·이선미·정채훈 ┃ 경영지원 최향숙
등록번호 제301-2006-001호 ┃ 등록일자 2013년 5월 24일
주소 04607 서울시 중구 다산로 139 랜더스빌딩 5층 ┃ 전화 (02)2234-7117
팩스 (02)2234-1086 ┃ 홈페이지 matebooks.co.kr ┃ 이메일 khg0109@hanmail.net
값 16,500원 ┃ ISBN 979-11-6002-400-5 03190

사람의 가치는
타인과의 관계로서만 측정될 수 있다.

• 니체(독일의 철학자) •

상처 주지 않고, 상처 받지 않고,
이쁘게 관계 맺는 당신이 좋다

둔한 사람

예민한 사람

이기적인 사람

안 통하는 사람

저밖에 모르는 사람

약속을 안 지키는 사람

정말 말을 못 알아듣는 사람

말투로 사람 묘하게 죽이는 사람

주지도 않은 상처 받았다고 하는 사람

자기 맘에 안 들면 표정부터 달라지는 사람
저 사람 안 보면 살겠다는 생각이 들게 하는 사람
아무리 이해하려고 해도 도무지 이해할 수 없는 사람

다양한 캐릭터들과 좋은 관계를 맺으려니 관계 피로도가 높아집니다. 둔한 사람은 평범한 나를 보고 예민하다고 하고, 약속을 밥 먹듯 안 지키는 사람은 나를 보고 왜 그렇게 깐깐하게 사느냐고 합니다. 자존감 뚝뚝 떨어뜨리는 자신의 말투는 생각 안 하고 "왜 그렇게 자존감이 낮냐"고 비난도 합니다.

그 사람 없는 곳으로 직장을 옮겼더니 그 사람과 판박이거나 더 이상한 캐릭터가 떡 버티고 있습니다. '저런 사람이 어떻게 저 자리까지 올라갔을까' 싶은데 계속 승승장구하니 세상은 정말 미스터리입니다. 내가 보는 그는 50점도 안 되는데 상사에겐 후한 점수를 받는 걸 보면 억울하고, 이런 곳에선 보석 같은 내가 빛을 보기엔 틀렸다는 생각에 당장 책상 정리하고 싶은 마음이 한두 번 드는 게 아닙니다.

그런데
그 사람,
그 동료,

그 상사는 바로 내 모습이었고 나였습니다. 이 사실을 깨닫게 된 건 안타깝게도 나이를 먹을 만큼 먹은 뒤였지요. '왜 저렇게 둔할까, 왜 저렇게 예민할까. 왜 말귀를 못 알아듣지? 왜 얼른 사과 못하지?' 수많은 '왜'에 시달리며 그들과 관계를 맺는 내가 힘들었다면 그들도 마찬가지였을 테고, 다른 지점에서 나를 그렇게 바라보았겠지요.

'그가 바로 나'라는 것을 알면 내가 살 만합니다. 이 책은 그런 이야기를 담았습니다. 당신과 나, 우리 주변에서 늘 보는 사람들의 이야기입니다. 소소한 일상에서 우리가 어떻게 관계 맺고 있는지 내 이야기도 있고, 남의 이야기도 있으며 공감되는 부분도 있고, 외면하고 싶은 이야기도 있지만 이쁘게 관계 맺는 것에 많은 영감을 줍니다.

'그렇게 되고 싶다, 그렇게 해야겠다.'
깨닫고 아는 것은 늦지 않을수록 좋습니다. 특히 사람관계가 그렇습니다. 성공한 사람들은 역시 이쁘게 관계 맺는 것의 중요성을 빨리 깨달았습니다. 대표적인 인물이 철강왕 카네기인데요. 그의 성공 비결이 이 책의 주제와 맞닿아 인용합니다.

"나는 증기식 기계에 대해서는 모르지만 그보다 훨씬 더 복잡한 구조물인 인간에 대해 알기 위해 노력했다."

그는 실력을 쌓고 열심히 일하는 것도 중요하지만 관계 능력이 더 중요함을 일찌감치 깨달은 것이지요. 다행히 누구나 배울 수 있습니다. 좀 더 일찍 깨달을수록 좋아요. 상처 주지 않고, 상처 받지 않으며 이쁘게 관계 맺는 당신이 더 행복할 수 있으니까요.

'지금은 도파민의 원리가 통하지 않는 사회'라고 합니다. 열심히 노력한다고 반드시 그만큼의 보상과 성취를 이루는 건 아니며 이런 시대일수록 진가를 발휘하는 사람이 '관계를 중시'하고 '의사소통 능력'을 가진 사람이라고 하죠. 이런 사람을 '행복한 사람'이라고 정의하기도 합니다. 왜 안 그렇겠어요. 컬래버레이션, 협력, 협치라는 말이 빈번하게 인용되는 이 시대, 사람들과 어울리며 행복하게 사는 사람, 관계의 중요성을 알고 이쁘게 관계 맺는 사람이 행복한 건 너무도 분명하니까요. 협력과 시너지 효과는 관계를 잘 맺을 때 가능합니다. 그냥 관계 맺기가 아니라 이쁘게 관계를 맺는 것이지요.

지은이의 말을 쓰는 중 마침 관계에 대한 소중한 글을 읽었습니다. 한국인 첫 노벨화학상 수상 후보인 현택환 서울대 석좌 교수의 인터뷰 글입니다.

"기본에 충실한 사람이 끝까지 갈 수 있어요. 모든 좋은 성과는 협력에서 나오더군요. 사람들과 함께 부대끼고 좋은 인간관계를 쌓기 위해 노력해야 해요."

심리학, 교육학, 사회학 관련 연구자가 아닌 공대 교수님도 '기본'과 '인간관계'를 강조했습니다. 기본에 충실한 사람, 좋은 인간관계를 맺는 것은 이 책 『이쁘게 관계 맺는 당신이 좋다』를 관통하는 주제이기도 합니다.

이 책이 보여줍니다. 모든 것이 관계라는 것. 그래서 '이쁘게 관계 맺는 노하우'를 보여주고 싶었습니다. 멀쩡하게 좋은 직장인데 그 한 사람 때문에 짐 싸지 않길. 다시 못 만날 귀한 사람인데 그 한 가지 때문에 떠나보내지 않기를 바랍니다.

누군가로 인해 살맛나기도 하고 때로는 괴롭기도 하니, 내 삶은 나의 것이나 수많은 누군가에게 많은 부분 기대고 있는 셈이지요. 눈을 뜨는 순간부터 나보다 더 많이 보는 타인들. 그들과 잘 지냈으면 좋겠습니다. 아무리 자존감 높고 내면의 근력이 탄탄한 사람도 함께 어울리며 좋은 인간관계를 맺을 때 더 나은 삶을 살 수 있으니까요.

나와 다른 개성을 가진 사람들에게 맞추려 에너지 빼앗길 거 있나요. 틀린 게 아니라 다르다고 인정하면 이해 못 할 게 없어요. 확실해요. 이쁘고 곱게 보면 꽃이 아닌 게 없으니까요. 내 맘에 달렸어요. 이쁘게 보면 무엇보다, 누구보다 내 인생이 곱고 이쁩니다. 이 책이 보여줄 거예요.

이쁘게 관계 맺는 나,
이쁘게 관계 맺는 당신,
이쁘게 관계 맺는 우리가 좋다는 것.

임영주

차례

1장
이쁘게 관계 맺는 당신이 참 좋다

6장

관계에도 향이 있다

1장

이쁘게 관계 맺는
당신이 참 좋다

나는 나와의
관계가 좋다

자신을 사랑하는 방법을 3가지 이상 말할 수 있는가.
내가 나를 사랑하는 걸 확인하고 실천해야
나와의 좋은 관계가 끊어지지 않는다.

곳간에서 인심 난다는 말이 있다. 물질적 곳간이 풍요로워야 남에게도 베풀고 인심을 쓸 수 있다는 뜻이다. 물질적 곳간뿐 아니다. 정서적 곳간이 풍부한 사람은 남을 대할 때도 각박하지 않다. 섣불리 서운해하지도 않으며 원망도 적다. 정서적 곳간은 그만큼 타인과의 관계 맺기에 중요하다. 그런데 '타인과의 관계 맺음'에 필수적으로 채울 정서적 곳간이 '내가 나와 맺는 관계'다.

정서적 곳간이 풍부한 사람은 함부로 탓하지 않는다. 만약 남 탓을 자주 하고 세상이 편편치 않게 느껴진다면 자신과의 관계가 삐거덕거려서가 아닌지 살펴보자. 내가 나와 부실한 관계를 맺어서 정서적 곳간이 빈약하다면, 상대가 조금 서운하게 해도 '저럴 수가! 내가 이렇게 힘들고 외로운데 어쩌면 너마저!'라는 원망의 방어기제만 커진다. 자신과 남을 피곤하게 할 뿐인데 자주 반복한다. 이 고리를 끊는 방법이 있다.

내가 나를 좋아하면 된다. 나와의 관계가 먼저다. 관계 중 으뜸은 자신과 관계를 잘 맺는 것이다. 나와의 관계가 좋으면 남에게 관대해진다. 서운한 일이 생겨도 그럴 수 있다고 너그

럽게 생각한다. 원망하지 않고 괜한 오해를 하지 않으니 속이 편하다. 속이 편하니 안색이 환하다. 내 탓, 남 탓 안 하니 관계가 더 원만해진다.

'나는 내가 좋은가. 나에게 인색하진 않은가. 나를 인정해주는가. 나를 사랑하는가. 어떻게 사랑하는가. 나를 사랑하는 방법이 있는가. 속상할 때 나를 어떻게 대하는가.'

이런 몇 가지 물음을 던질 필요가 있다. 당연히 나는 나를 사랑한다. 하지만 사랑한다고 착각하는 건 아닐까.

자신을 사랑하는 방법을 숨도 쉬지 않고 3가지 이상을 말할 수 없다면 말로만 사랑하는 것일 수 있다. 사랑을 확인하는 것에 그쳐서는 부족하다. 자신에 대한 사랑이야말로 저절로 유지되는 것이 아니고 노력이 필수다. 남을 사랑하는 것보다 훨씬 많은 노력을 해야 나와의 좋은 관계가 끊어지지 않는다. 우리는 스스로에게 가장 인색할 수 있다. 언제든 사랑할 수 있으니 사랑하는 실천을 미루기도 한다.

사랑하는 사람은 함부로 방치하지 않는다. 돌보고 아끼면서 힘들 때 손잡아주고 기다려주기도 한다. 나를 사랑하는 방법도 이와 비슷하다. 평소에 나를 기분 좋게 하는 방법, 속상할 때 나를 위로하고 어루만지며 빠른 시간 안에 살맛나게 회복하는 방법, 괜찮다고 말해주면서 괜찮아지도록 하는 방법이 있는가. 만약 나를 사랑하는 방법에 대한 답이 금방 나오지 않는다고 해도 괜찮다. 이제부터 찾으면 된다.

나를 사랑하는 방법과 습관을 확인해보자. 아침에 일어날 때 스트레칭하며 내 몸과 인사하는 건 어떤가. "좋은 아침" "굿모닝" "오늘도 행복하자" 이렇게 자신을 기분 좋게 하는 아침 인사를 건네며 긍정과 밝음의 자기암시를 주는 것도 좋겠다. 세상을 보는 관점이 달라지고 나와의 관계에 긍정적 영향을 미친다. 이런 긍정적 생각을 반복하는 자기암시는 심리적, 신체적 문제를 개선시키기도 하는 강력한 것이다.

바삭거리게 토스트를 굽는 여유 있는 아침이든, 물 한 모금 못 마시고 서둘러 집을 나서든 그것도 나를 위한 일이라고 여기는 습관도 좋겠다. 일어나는 것이 죽기보다 싫고, 일하는 것도 마지못해서 하면 점점 더 힘들어진다. 주말에 밀린 빨래하면서 인생이 힘들다고 투정한다면 이 또한 자신에게 '죽도록 힘든 것'이라는 자기암시를 하는 것이다. 하기 싫고 힘든 건 사실이지만 그 사실만 부각한다면 그 모든 것이 나를 위한 게 아니라 나를 괴롭히는 것이 된다. 알고 보면 내가 하는 모든 것은 나를 위한 것이다. 내가 잘 살자고 하는 일이다.

내가 세상의 중심이고, 내가 존재해야 세상의 모든 것이 의미 있다는 것을 머리로는 알지만 자주 잊는다. 나를 위해 숨 쉬고, 나를 위해 먹고, 나를 위해 일하면서 마치 남의 삶을 살아주는 것처럼 자신에게 끝없는 불평과 푸념을 할 때가 있다.

나를 사랑하는 데 시간과 노력을 들이는 건 평생 함께할 내게, 내가 줄 선물이다. 열심히 살고 있다면 인정하고 칭찬해주며, 실수했을 때 보듬어주고 조금 나아지려 하면 된다. '나'부터다. 나와의 관계가 좋아야 한다. 자신과의 관계가 삐거덕거리면 세상과도 삐거덕거리므로.

오늘도 내게 말한다. 나는 내가 좋다. 나는 나와 좋다. 이렇게 좋은 나와 함께하는 당신도 좋다. 그러고 보니 정말 그렇다. "자기 자신조차 사랑하지 않는데 그 누가 골칫덩어리를 떠맡으려 하겠는가?" 오쇼 라즈니쉬Osho Rajneesh의 말이다.

이쁘게 관계 맺는 당신이 참 좋다

인간이 가진
고귀한 불가사의

세계 불가사의가 7개라면
우주에 비유할 우리 몸은
7개의 불가사의 그 이상이다.

카톡으로 7대 불가사의의 영상을 받았다. 중국 만리장성, 리우 데자네이루 예수상, 페루 잉카 유적지 마추픽추…. 영상은 우리가 알고 있는 7대 불가사의를 보여주더니 학생들이 시험을 보는 장면으로 이어졌다.

학생들이 7대 불가사의에 대한 문제에 답을 적는데 한 아이는 답이 떠오르지 않는지 생각에 잠겨있는 모습이다. 그러더니 마침내 쓰기 시작했다. 아이는 7개의 불가사의를 다 썼을까. 궁금증에 답을 하듯 영상은 답안지를 클로즈업해 보여주었다. 아이는 7개를 다 썼지만 단 1개의 불가사의도 맞히지 못했다. 아이가 열심히 쓴 건 무엇이었을까.

아이가 쓴 7대 불가사의는 인도 타지마할도 아니고, 로마 콜로세움도 아니었다. 그것은 우리가 '아무 대가 없이 받은 7대 불가사의'에 관한 것이었다.

1. 볼 수 있는 것 2. 들을 수 있는 것 3. 말할 수 있는 것
4. 느낄 수 있는 것 5. 웃을 수 있는 것 6. 생각할 수 있는 것
7. 사랑할 수 있는 것

이쁘게 관계 맺는 당신이 참 좋다

나는 아이가 적은 7가지를 천천히 들여다보며 나지막이 읊조려보았다.

"보다. 듣다. 말하다. 느끼다. 웃다. 생각하다. 사랑하다."

당연하던 것에 감사의 눈시울이 뜨거워졌다. 그즈음 친정엄마가 무릎이 아프다고 하시고, 눈이 침침해서 TV 보는 것도 예전 같지 않다는 이야기를 주로 하시던 때였기 때문일지도 모른다. 휴대폰 넘어 들리는 엄마의 목소리 톤이 점점 높아지고 명사 대신 "그거, 거기, 아니, 저거"라며 뭉뚱거려 말씀하시니 소통도 점점 힘들어지고 있었다. 친구들과의 대화에도 요양병원, 치매 등이 자주 오른다. 우리 부모님이 어느덧 80대. 눈, 귀, 무릎, 허리, 기억력 등 모든 감각이 예전 같지 않은 부모님 이야기를 하다가 우리는 '지금'의 고마움을 새삼 깨닫는다.

여행과 젊음은 지나고 나서야 소중함을 알게 된다더니 정말 그런가 보다. 이미 멀어져간 청춘을 아쉬워하는 나이가 된 이제서야 이 나이에도 감사한다. 몸 곳곳 어디 하나 소중하지 않은 데가 없으니 영상 속 아이가 써 내려간 7대 불가사의에 그저 고개를 끄덕이며 절절히 공감한다. 보고, 듣고, 말하고, 느끼고, 웃고, 생각하고, 사랑할 수 있는 것도 불가사의인데 이게 아무 대가 없이 주어졌다는 멘트에 다시 뭉클해지며 눈과 귀, 입과 가슴, 머리를 가만 쓰다듬어본다. 정말 그렇구나. 당연히 가져야 할 것으로 여겼으나 그건 당연한 게 아니라 감사하고 또 감사할 것이었다.

고마운 영상을 보내준 이에게 잘 봤다고 감사 인사를 보냈다. 그는 웃음 이모티콘으로 화답했다. 이모티콘을 보며 웃었다. 웃으며 또 감사했다. 웃을 수 있음에.

나중에 통화하면서 그가 말했다. 여러 사람에게 공유했는데 내가 제일 큰 반응을 보였다고. 공감의 여왕이라는 칭찬도 들었다. 그 칭찬에 다시 나를 돌아봤다. 만약 내가 젊었더라면 그토록 크고 절절하게 공감했을까. 내가 아주 많이도 말고 '10년만 젊었더라면' 보고, 듣고, 말하고, 느끼고, 웃고, 생각하고, 사랑하다에 이토록 감동할까. '당연한 것을 가지고 7대 불가사의니 뭐니 말을 만들어내기는!' 하며 무덤덤하게 영상을 대했을지도 모른다.

불혹不惑의 40도 받아들이기 어렵더니 지천명知天命의 50을 지나는 시간이 이토록 소중하다니. 이순耳順의 나이가 되면 얼마나

이쁘게 관계 맺는 당신이 참 좋다

더 겸손해질까. 그나마 더 지나고 나서 소중함을 깨닫는 것보다 지금이라도 깨닫는 게 고맙다.

젊을수록 '오늘, 지금이 가장 젊은 날'이라는 말이 와닿지 않을 수 있다. 가진 것보다 갖지 못한 것을 갈망하느라 가진 걸 못 보기도 한다. 그래서 어른이 하는 말이 제대로 안 들릴 때도 있다는 걸 경험으로 잘 알고 있지만 그래도 몇 마디는 새겨들을 거라 믿으며 나는 아들에게 말한다.

"치아 잘 보존해라. 얼마나 고르고 하얀지. 보기만 해도 눈이 부시다."

엄마의 고슴도치 사랑이라고 혹시 그냥 듣고 넘길까 봐 아들이 웃을 때마다 놓치지 않고 치아 칭찬을 한다. 아들아, 이왕이면 곧고 아름다운 허리와 등도 잘 관리하면 좋겠다. 잘 보고 잘 들을 수 있는 눈과 귀도 아끼고 사랑하렴.

세계 불가사의가 7개라면 우주에 비유할 우리 몸은 7개의 불가사의 그 이상이다. 내가 가진 불가사의를 20개쯤 찾아 보존하는 일은 빠를수록 좋다. 지나고 나서 깨달으면 너무 아깝고 아쉬워서다. 보고, 듣고, 말하고, 느끼고, 웃고, 생각하고 사랑하다. 이 7개를 세부적으로 나누어도 좋고, 나만의 매력을 덧붙여도 좋겠다. 만지다, 안다, 냄새 맡다, 맛보다, 앉다, 서다, 걷다, 누다…. 뭐 하나 빠뜨릴 수 없는 고마운 것들이 줄줄이 나온다. 사소하고 당연한 것이라고 여겼던 모든 것이 귀하디 귀한 불가사의다.

많은 것을 생각하고 느끼게 해준 영상이 고마워서 저장 버튼을 눌렀다. 기회가 될 때마다 나누리라. 그러고 보면 듣고, 보고, 느끼고 생각한 것을 타인과 '나눌 수 있는 것' 또한 인간이라서 가진 신비며 불가사의다. 우리에겐 고귀한 불가사의가 도대체 몇 개나 있는 걸까. 그 또한 불가사의다.

이쁘게 관계 맺는 당신이 참 좋다

물려줄 자산이
없는 집은 없다

어느 집인들 물려줄 자산이 없을까.
우리 모두에게는 후대에 자랑스럽게 물려줄
가업과 자산이 있다.

세탁소를 정할 때 나름 신중한 편이다. 누군가는 미용실, 누군가는 동물병원 등 사람마다 신중하게 선택하는 곳이 있겠지만 내겐 세탁소를 정하는 일이 그렇다. 그런데 그 세탁소는 이용한 지 두 번 만에 결정했다. 몇 마디 말 때문이었다.

"옷을 참 깨끗이 입으셨네요."

"이 옷들은 조심스럽게 다뤄야겠어요."

"사장님 옷이 다 좋아 보여서…."

어느 손님에게나 할 법한 이런 멘트가 '신중하게 선택하는 기준'이라고 의아해할 수 있지만 진심을 담은 표정으로 하는 이 말들은 나를 움직이기에 충분했다. 옷은 깨끗하게 입고, 잘 보관하자는 내 생각과도 일치하는 데다 그냥 하는 말이라기엔 옷을 꼼꼼하게 살피면서 하는 말이기에 믿음이 갔다. 그렇게 그 세탁소는 단골로 이용하는 곳이 되었다.

부부가 하는 그 세탁소는 남편 못지않게 아내의 친절이 최상급이었는데, 어느 날은 아내분이 다른 손님에게 하는 말이 익숙했다. "옷을 참 깨끗이 입으셨네요." 이어서 한 말들은 남편분이 내게 했던 말과 별반 다르지 않은 것이었다. 누구에게나 하는 말에 감동한 것이 좀 썰렁했지만 누구나 자신의 옷을

이쁘게 관계 맺는 당신이 참 좋다

깨끗하게 입으려는 건 당연한 것 아닌가. 게다가 그 세탁소는 옷을 정말 깨끗하게 세탁해주었고, 세탁물을 건네줄 때도 소중하다는 느낌으로 건네주었다. 갈 때마다 기분 좋은 나는 세탁소 사장 내외의 표정과 말을 눈여겨보게 되었다.

어느 날, 제주 한 달 살기를 하고 돌아와 세탁소에 들렀는데 남자 사장님이 젊은 청년과 함께 맞이했다. 아들이라고 했다.

"올해부터 가업을 승계하고 싶다네요. 경영 수업 중이에요."

동네 세탁소 정도의 가게를 '가업'이라 하고 '승계' '경영 수업'이란 말을 하니 좀 거창하게 들렸는데 이어지는 말에 나는 명언을 들은 듯했다.

"아들이 대기업에 몇 년 다녔는데 대학원도 다녀야 해서 그만뒀어요. 이 가게가 생각보다 괜찮거든요. 우리가 33년을 했는데 아들도 33년 너끈히 먹고살 거예요. 세탁도 정성 빼면 없어요. 옷이랑도 말을 나눌 정도 되면 아무리 세상이 달라져도 평생 이런 사업이 없지요."

나는 옷과도 말을 나눈다는 부분에서 놀랐다. 가히 장인의 경지 아닌가. 그 분야에서 대가가 된다는 것이며 옷 트렌드, 섬

유 트렌드를 잘 읽어야 한다는 여러 의미를 담고 있었다. 그러고 보니 세탁소 주인 내외는 내게 "사모님"이라 부르지 않고 "사장님"이라고 부른다. 그 이유를 들었을 때도 예사롭지 않다고 생각했다. "요즘에는 남자는 사장님, 여자는 사모님이라는 경계가 없어요. 예전엔 손님들을 어머님, 아버님으로 불렀는데 50, 60대분들도 비혼이거나 아이 없는 분도 많으시더라구요." 그분을 보며 세상을 잘 읽는다는 느낌이었다.

세탁소에 갈 때마다 주옥같은 어록이 생겼다. 예를 들면 21세기 장인정신은 '기술'이 아니라 '소통'이란다. 보석 가공하는 사람은 보석과 사랑에 빠져야 하고 사랑은 역시 소통이 으뜸 아니냐고. 그러니 세탁하는 자신은 옷과 소통해야 한다고 했다. 갈 때마다 깨끗해진 옷과 더불어 마음도 정갈해지고 뿌듯해졌다. 세탁소집 이야기를 딸에게 했더니 솔깃해하며 부럽단다. 요즘 친구들 사이에서 부러운 친구 1위가 가업 승계받는 친구라면서.

"엄마, 지난번 다육이 사러 갔던 꽃집도 자식들이 가업 이어받는다잖아. 요즘 그게 로망이에요. 세탁소 아들분도 좋겠다."

내가 말한 취지나 방향과는 좀 달랐지만 듣고 보니 이래저래 부러운 집이었음은 사실이다. 평생직장도 없고, 은퇴 시기는 짧은 살얼음판 직업의 세계에서 보장된 가업을 물려받는 것이 어찌 부럽지 않을까. 그 말을 들으니 젊은 친구들의 로망이 이해가 된다. 그러면서 설핏 미안해진다. 물려줄 가업이 없어서다. 그런데 물려줄 자산 없는 집은 없다는 생각이 퍼뜩 들었다. 어느 집인들 자식에게 '물려줄 업적이나 자산'이 없을까. 그게 물질이든 정신이든 물려줄 자산이 분명히 있는 것이다. 그래서 딸이 혹시 지나는 말로라도 "우리 집은 물려줄 가업 없어요?" 한다면 이렇게 말하기로 했다.

"가업이면 평생 먹고살 기반을 물려주는 것? 우리 집도 있지. 물려줄 소중한 자산이 당연히 있지."

나는 진심으로 말할 것이다.

"정성과 소통이야. 무엇을 물려받든, 무슨 일을 하든 정성과 소통이 빠지면 될 수가 없거든."

이 확신을 담아 나는 딸에게 '가업 승계해줬음'을 확실히 밀어붙일 생각이다. 물질적 가업만 중요한 게 아니라 정신적 가업이 더 중요하다는 말은 굳이 사족 같아서 달지 않기로 한다.

하지만 이 말이 사실임을 증명하려면 부모로서 롤 모델을 보여야 하는 중요한 과업이 남았다. 현재 일에 정성을 다하고, 사람과 관계 잘 맺으며 소통하는 모습을 보여주는 본보기다. 그래야 가업으로 물려받고 싶을 것 아닌가. 내가 세탁소를 잘 정했다는 생각이다. 다음 세탁물을 들고 가면 그분들이 어떤 정성과 소통을 보여줄지 기대된다.

이쁘게 관계 맺는 당신이 참 좋다

공감에 의존하면
자존감이 낮아지는 이유

공감에 의존하면 남에 의해 내 자존감이 좌우된다.
상대의 공감이 내 기대에 못 미치는 순간
자존감이 낮아지는 것이다.

"으악."

지아 씨는 봄동나물을 무치다 비명을 질렀다. 놀라서 다가온 남편이 "왜 그래?" 한다.

"책상 서랍 열다가 뾰족한 것에 찔렸었거든. 대수롭지 않게 지났더니 그게 아니었나 봐. 너무 쓰리고 아프네."

"어디? 안 보이는데? 큰 상처는 아닌 것 같네. 장갑 끼고 해. 무슨 일 난 줄 알고 놀랐네."

거실로 돌아가며 남편이 "봄동나물 군침 도네. 역시 제철 음식이 최고야" 하자 흐르는 물에 손을 씻던 지아 씨가 남편을 흘겨본다. "남의 손톱에 가시라더니. 식초에, 설탕에, 고춧가루가 상처에 닿아봐. 얼마나 아프겠냐고."

"그러니까 장갑 좀 끼고 해. 난들 별수 있나?"

지아 씨는 갑자기 눈물이 핑 돌았다. 평소라면 이 정도로 서운할 일이 아닌데 서러웠다. 친구들 말대로 나이 들면서 '서운병'만 느나 보다. 장갑 꼈으면 아무 문제 없고, 약 바르면 며칠 후 아물 거고, 남편이 달려왔으면 무심한 게 아니건만 그냥 서러웠다. '내가 지금 뭐 하는 거지? 봄동나물이고 뭐고 다 집어치우고 싶다'는 마음에 울컥해서 방으로 갔다.

밴드를 찾아 붙이고 있자니 딸의 말이 떠오른다.

"엄마, 요즘 진짜 예민해진 거 알아? 엄마 감정을 너무 알아 달라는 것 같아. 가족이 엄마로 빙의할 순 없잖아. 공감도 중독 이래. 요즘 마음 불편할 때 정신과나 상담 많이 받거든. 엄마도 가보면 좋겠어. 안전한 소통 창구를 왜 마다해?"

지아 씨는 서랍을 열어 딸이 준 체크리스트를 펼친다.

- ☑ 내 전화나 메시지에 상대의 반응이 늦으면 불쾌함과 무시감을 느낀다.
- ☑ 상대의 말이나 행동을 내 식대로 해석하며 예민하게 반응한다.
- ☑ 사람들이 과거에 준 아픔을 곰곰 곱씹어 회상하는 편이다.
- ○ 가까운 사람들에게 자존심이 자주 상한다.
- ○ 상대 반응에 따라 감정이 왔다 갔다 한다.

체크리스트 중에 지아 씨 눈길이 오래 머문 항목이 '상대 반응에 따라 감정이 왔다 갔다 한다'였다. 상대에게 공감을 바라다가 기대에 못 미치면 서운해하는 자신에게 딱 들어맞았다. 자신이 마치 공감 중독인 것 같았다. 체크리스트를 서랍에 넣는데 남편이 들어오며 "여보, 저녁상 차렸어. 밥 먹자" 한다. 남편의 말이 따뜻하게 느껴졌다. 지아 씨가 서랍을 닫다가 "여기 튀어나온 거 보이지? 여기에 찔렸어" 하자 남편이 서랍을 손으로 툭 때리면서 말했다.

"에끼떼끼. 이놈이 우리 여보님 손톱 밑을 찔렀구면. 괘씸한 놈. 내가 얼른 처리해줄게."

남편이 공구함을 가지러 나가려는 태세를 보이자 지아 씨는 얼른 말렸다.

"이따가 밥 먹고 나서 천천히 해."

지아 씨는 남편과 주방으로 가면서 생각했다. '그렇네. 내가 공감 의존도가 너무 높네. 지금도 남편이 공감해주니까 사르르 풀리잖아. 그렇잖으면? 갱년기라 그러려니 하지 말고 애꿎은 가족들 잡지 말고 상담 한번 받아보자. 인정하는 것도 자존감이라잖아.' 지아 씨는 딸이 추천한 소통 창구를 생각하면서 마음이 한결 가벼워졌다고 한다. 노력해보고, 안 되면 갈 곳이 있다고 생각하니 동굴이 아니라 터널을 지나는 것처럼 환해지더라는 것이다. 맨해튼에서는 정신과 의사도 정신과 의사를 찾는다는 말이 떠올라 위로가 됐다고.

공감이라는 말이 빈번해지는 만큼 공감에 의지하는 경우가 있다. 타인의 공감에 의존하면 타인에 의해 자존감이 좌우되기도 한다. 한마음으로 같이 있음을 느끼게 하는 치유의 힘을 가진 공감이지만 공감에 의존하다 보면 기대에 못 미치는 순간 자존감이 낮아지는 것이다.

공감에 의존하면 중독되고 아프다. 그 아픔은 감정적 해석을 부추기고 분노로 표출된다. 타인의 공감에 의존하지 않으면 스스로 감정의 주인이 되어 좋은 감정을 선택할 수 있다. 감정적으로 생각하면 나쁜 해석이 나오지만 합리적으로 생각하면 '그렇네. 당신은 내가 아니니 대신 아플 수는 없지. 얼른 약 바르고 장갑 끼고 하자'는 좋은 해석이 나오는 것이다.

분노는 누구도 피해갈 수 없는 천재지변이라지만 천재天災가 인재人災가 되지 않게 잘 예방하면 자주 일어나지 않는다. 자기가치감과 효능감을 높여 자존감을 챙기는 것이 예방이다. 2가지 인식 습관을 들이면 도움이 된다.

1. 내 가족은 내가 아니라는 엄연한 사실 인식하기 - 서약을 한 부부라도, 내 속으로 낳은 자식이라도 나는 아니다. 이런 인식 습관은 상대의 말과 행동에 흔들리지 않게 한다.

2. 합리적으로 생각하고 좋은 감정 선택하기 – 비명에 놀라 다가온 남편, 손을 들여다보며 장갑 끼고 하라는 것, 이 모두 관심이다. 여기서 더 바라면 나쁜 감정을 선택하게 되고 감정적으로 폭발한다.

이를 실천하는 구체적인 방법도 있다.

1. 햇빛 쬐며 걷고, 긍정적인 생각하며 기분이 좋아지게 한다.
2. 요가와 명상을 하며 자신과 소통한다.
3. 노력해도 안 된다면 '안전한 사람'을 찾는다.

안 되면 되게 하라지만 안 되는 것도 있다. 노력하다 안 되면 안 되는 걸 인정하는 게 자존감 높은 태도다. 그걸 인정하고 도움을 요청하면 된다. 지아 씨 딸도 엄마에게 "유출될 염려 없는 철통 보안에 편안하고 가볍게 해주는 곳이니까 시크릿 가든이잖아" 하며 상담을 추천한다. 무거운 마음으로는 몸도 가벼울 수 없다. 꽉 막힌 속을 뚫어 가볍게 해야 공감에 중독되지 않는다. 타인의 공감에 상관없이 나는 소중한 존재다. 이런 자존감 어떤가. "공감해주면 좋고, 아니면 말고!"

이쁘게 관계 맺는 당신이 참 좋다

상대방은 나의 마음을
알지 못한다

상대방은 내 마음을 모른다는 전제로 말해야 정확히 말하게 된다.
나도 그의 마음을 다 알지 못하므로
반드시 확인해야 한다.

상대가 잘못 알아듣고 일 처리를 할 때가 있다. '그렇게 말했는데도 못 알아듣나?'라는 생각에 답답해 보일 때도 있다. 얼마 지나지 않아 내가 정확하지 않게 말했다는 걸 깨달을 때도 있다. 제대로 말해주지 않아 실수하게 한 상대에게 화가 날 때도 있다.

"내가 말했잖아."

"그게 그 뜻이었어? 제대로 좀 말해주지."

이런 경험이 몇 번 반복되면 관계의 적신호가 켜진다. '이만하면 알아듣겠지' '이런 뜻이겠지'라는 짐작보다 확인이 필요하다. 이만하면 알겠거니 하며 본인 위주로 말하거나, 그런 말이겠거니 하며 자기 식대로 듣는다면 실수가 잦을 수 있다.

제자에게 들은 유치원에서 있었던 일이다. 하원 시간에 할머니가 아이를 '데리러 간다'고 한 엄마가 전화했다. 전화를 받은 선생님은 하원 지도 선생님께 전했고, 여느 때처럼 아이는 유치원 차를 타고 하원 장소로 갔다. 그런데 할머니가 하차 장소에 안 계셨다. 유치원으로 전화하니 할머니가 유치원에 계셨다. 엄마는 할머니가 '(유치원으로)데리러 간다'는 말이었고, 선생님은 '할머니가 (평소의 하원 장소로)데리러 간다'고 들은 것이다.

이쁘게 관계 맺는 당신이 참 좋다

유치원에서는 그날 긴급회의를 했다. 확인에 대한 것이 주제였다. 확인하는 첫 번째 방법은 상대의 말을 그대로 따라 하며 자신이 이해한 내용을 확인하는 것이다. "할머니가 데리러 가실 거예요"라면 "네, 오늘은 할머니가 ○○로 데리러 오신다는 거죠?" 그러면 유치원으로 데리러 오시는지 하차 지점으로 오시는지 정확해진다. 말하는 사람은 상대가 알아들었는지, 듣는 사람은 그렇게 말한 게 맞는지 확인하는 게 좋다.

확인의 사전적 의미는 '틀림없이 그러한가를 알아보는 것'이다. 확인하면 실수가 줄어든다. 확인은 안전과 직결되는 일도 많다. 꺼진 불도 다시 보듯 확인해야 안전하다. 같은 말인데 말 한 사람과 듣는 사람이 다르면 위험해지기도 한다.

그럼에도 아직도 이렇게 말하면 다 알아듣겠지 등 '나만의 언어'로 말해서 여전히 실수한다. "아, 그래, 이따 거기서 만나" 하곤 '이따, 거기서'가 일치하지 않았던 경험도 있다. 말할 때는 정확하게 "5시 30분에 ○○에서 만나"로 하면 되고, 들을 때는 "5시 30분에 ○○에서 만나자는 거지?"라며 확인하는 게 안전하다는 걸 알면서도 자주 놓친다. 깐깐하고 번거로운 것 같지만 두루뭉술하게 해놓고 당황하며 탓하는 것보다 훨씬 낫다.

탈무드 한편이다. 나그네가 길을 가다가 마차에 태워달라고 부탁했다. 마부는 기꺼이 태워주었고 나그네는 마부에게 "여기서 예루살렘까지 얼마나 걸리나요?"라고 물었다. 마부는 "30분 정도 걸릴 거요"라고 했고 나그네가 깜박 잠들었다 깨어 보니 30분은 지난 것 같더란다. 나그네가 내릴 채비를 하며 "예루살렘에 다 왔지요?" 했더니 마부는 "여기서 한 시간 거리입니다"라고 했다나. 아까보다 더 멀어진 것에 놀란 나그네가 "아까는 30분 걸린다고 했는데 한 시간이 남다니요?" 했더니 마부는 태연하게 "이 마차는 반대 방향으로 갑니다" 했단다. 하하, 탈무드답다. 후일담이 궁금하다. 나그네와 마부는 다퉜을까?

"내가 예루살렘까지 얼마나 걸리는지 물어봤잖아요."

"예루살렘으로 가는 방향이냐고 물어본 건 아니잖소?"

이 이야기를 들었을 때 인정했었다. '바로 나네.' 상대가 알아듣겠거니 하며 생략하고 말하는 습관이나 "거기. 아니, 거기라니까"라는 식으로 말하곤 내가 말하는 '거기'를 알아듣지 못한다고 상대를 탓했던 일도 있다. 바쁠수록 돌아가라는 말은 충분히 일리가 있다. 분주할수록 내 말과 상대가 듣는 말은 일치하지 않을 수 있기 때문이다.

이쁘게 관계 맺는 당신이 참 좋다

늘 함께라서 통하는 사이라고 생각할수록 더 확인해야 한다. 서로 너무 잘 알아서 '알아서 잘 들을 것'이라는 과신과 '이런 뜻으로 말한 것이겠지'라는 추측이 '반만 말하게 하고 반만 듣게' 할 수도 있다. 그러다 착오가 생기면 서로를 말귀도 못 알아듣는 사람, 말도 제대로 못 하는 사람이라고 탓하면서 일도 틀어지고 관계도 틀어진다. 이런저런 실수 덕분에 깨달은 2가지가 있다. 내 말이 잘 전해지고 관계도 탄탄해지는 일거양득 방법이다.

1. 상대가 알아듣게 말하기
2. 상대가 다 알아들었다고 확신해도 확인하기

'당연히, 이 정도면, 설마'는 없다. 그는 나의 마음을 모른다는 전제로 말해야 정확하게 말하게 된다. 나도 그의 마음을 다 알지 못하므로 확인해야 한다. 안전한 관계를 맺는 이 쉬운 방법을 마다할 이유가 없다. 시간도 아끼고 관계도 안전하게 하며 위험과 손실을 확실히 줄이는 솔루션이기도 하다.

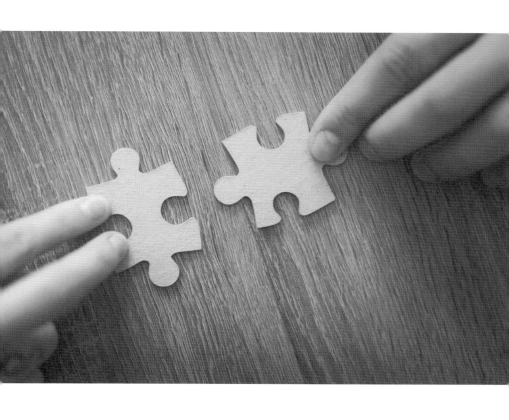

이쁘게 관계 맺는 당신이 참 좋다

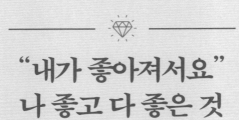

"내가 좋아져서요"
나 좋고 다 좋은 것

지나침은 모자람과 같다는 말이 있지만
친절은 지나침이 없다는 생각이다.
지나칠 만큼 친절하기가 쉽지 않아서다.

이비인후과에 다녀온 친구가 해줄 말이 있다며 반갑게 전화했다. 생생한 감동을 전해야겠다는 마음이 목소리에 묻어날 정도였다. 요즘 웬만한 것에는 덤덤해지는 나와 대조되게 감동 잘하는 친구가 부럽기도 하고 들려주는 이야기에 기분이 좋을 때도 많다. 그날 들려준 친절한 의사 선생님 이야기도 그랬다.

귀가 가끔 불편한 친구는 이사 후에도 전에 살던 동네의 이비인후과를 찾는다. 거리가 꽤 되는데도 가는 이유는 의사 선생님이 친절해서다. 친절하다고 진료를 잘 보는 건 아니잖느냐는 우문에 친구는 현답을 내놓는다. "사실 큰 병이 아니고는 친절이 최고의 치료지."

그 의사 선생님은 치료하면서 환자가 궁금해하는 것을 자세히 말해준다고 한다. 치료하고 나서도 친절하게 설명해준단다. 친구가 말한 친절의 기준은 3가지였다.

1. 알아듣게 말한다.
2. 기분 좋게 말한다.
3. 다음 대기 환자로 바쁠 텐데도
   내 환자는 당신뿐이라는 느낌으로 대한다.

이쁘게 관계 맺는 당신이 참 좋다

어느 날은 친구가 귀걸이를 하고 병원에 갔는데 진료받기 전 "병원 오는 사람이 귀걸이를 했네요" 하고 얼른 빼려고 하자 "괜찮아요. (귀걸이가 있는 곳을 피해) 여길 잡으면 돼요" 하더란다. 친구 말을 듣다 보니 먼 길이지만 찾아갈 만하다는 생각이 들었다. 친구는 진짜 중요한 이유라며 한 가지를 덧붙였다.

"그 의사 선생님은 치료할 때 귀를 잡는 게 달라."

손길과 손독의 차이를 자주 말하며 미용실에서도 머리를 만지는 손길에 따라 기분이 달라지는 나로서는 이 부분에서 덩달아 감동했다. 환자를 친절하게 대하는 태도와 치료하는 손길이 따뜻하다면 환자는 안심이 된다. 친절이 최고의 진료라는 친구의 말에 맞장구쳐졌다.

환자는 환자이기 때문에 그 자체로 힘들다. 경증이든 중증이든 환자는 불안하다. 그럴 때 친절은 불안을 달래준다. 특히 약자일 때 강자가 친절하면 그 친절의 힘은 뼛속까지 스며들도록 고맙다. 비유하자면 의사는 환자가 전적으로 믿고 의지하는 강자다. 아픈 몸을 맡긴 환자로서는 내 몸을 진료하는 의사 선생님이 하늘 같은 존재다.

친구의 이야기를 들으며 핀 마이크를 채워주던 친절한 PD님이 떠올랐다. 그날 나는 원피스를 입고 목걸이를 하고 녹화장에 갔다. 핀 마이크를 하는데 목걸이와 가까운 위치여서 내가 말했다.

"목걸이가 부딪치면 소리 날 것 같은데 뺄까요?"

"괜찮아요, 선생님. 이쁘게 하고 오신 건데 하셔야죠. 마이크를 약간만 옮겨드릴게요."

그 PD님 덕분에 기분 좋게 녹화를 마쳤던 기억이 난다. 재킷을 입었으면 더 좋았을 텐데 원피스를 입어서 핀 마이크 하기가 어렵다, 목걸이가 부딪치는 소리가 나니까 빼달라. 이렇게 사무적으로 말해도 서운하지 않을 만큼 분주한 스튜디오 상황이었다. 하지만 1, 2분 더 걸리더라도 출연자를 최대한 배려하는 그분을 보며 깨달았었다. 지나침은 모자람과 같다는 말이 있지만 친절은 지나침이 없다는 것이다. 지나칠 만큼 친절하기가 쉽지 않아서일 거다.

친절에 자주 감동하는 만큼 나도 친절하려고 노력한다. 눈길, 손길에도 부드러움을 담으려 노력한다. 특히 부모, 선생님, 지도자, 전문가, 공인 등 누군가에게 영향을 미치는 사람일수

이쁘게 관계 맺는 당신이 참 좋다

록 말 한마디, 눈길, 손길 하나도 더욱 삼가고 친절해야 한다는 생각이다. 영향력이 큰 만큼 파급효과도 크기 때문이다.

"선생님은 참 친절하세요. 어떻게 이렇게 친절하세요?"

친구의 질문에 의사 선생님이 대답한 말이 화룡점정畵龍點睛이었다.

"내가 좋아져서요."

그 말을 들으며 남에게 좋은 일 그런 거창한 것 말고, 내가 좋아질 만한 것부터 해보자는 생각이 들었다. 친절하고 상냥하면 내가 먼저 좋아지고, 짜증 내고 불평하면 내가 먼저 힘들어진다. 이 간단한 이치를 모를 리 없지만 잘 안 된다면 간단한 것부터 실천해보는 거다. 미소, 웃음, 부드러운 눈빛, 좋은 말…. 너 좋고 나 좋고가 아니라 나 좋고 다 좋은 것. 이 결심을 다짐하는 의미에서 반복해 읊조려본다.

"내가 좋아져서요. 내가 좋아져서요."

이쁘게 관계 맺는 당신이 참 좋다

2장

이쁘게 관계 맺는 당신, 닮고 싶다

웃자는 말에 공감하고
반응하며 크게 웃어주는 사람

유머 지수는 '웃기는 재능'만이 아니다.
유머 지수를 높이고 싶다면 웃는 재능도 올려보자.
입꼬리와 눈꼬리까지 웃는 습관을 들이는 거다.

"제가 웃기는 말을 하면 전혀 웃기지 않아요. 그러니까 점점 자신감이 떨어져서 웃길 엄두가 나지 않는 거죠. 별말 아닌데도 다른 사람이 하면 웃긴데. 제가 진지충이어서 그럴까요? 웃는 연습도 하는데요. 그게 더 썩소 같아 보여요."

이런 상담에 더욱 귀 기울이게 된다. '왜 그렇게 남을 웃기고 싶어서 고민하는지' '웃는 연습까지 할 필요가 있는지'라고 의아해하지 않는다. 강연이나 상담에서 유머 지수, HQ를 강조하는 건 물론이고, 개인적으로도 관심이 많아서다.

비슷한 고민을 가진 한 내담자는 '잘 못 웃는다'고 표현하며 노력하지만 자신의 웃는 모습이 어색해 보여서 더 못 웃겠단다. 하지만 유머 감각을 높이고 싶다고 한다.

나는 안다. 왜 굳이 유머 감각을 높이려고 애쓰는지. 그게 왜 고민인지. 그리고 그게 얼마나 중요한지.

소통과 관계를 중시하는 시대일수록 유머는 앞으로 더 관심을 가져야 할 지수다. IQ가 인생에 20년, 30년 동안 중요한 역할을 한다면 유머 지수는 평생에 영향을 미친다. 유머가 건강, 행복, 관계에 영향을 미친다는 연구들도 넘친다. 미시간 대

이쁘게 관계 맺는 당신, 닮고 싶다

학교의 연구결과에 의하면 유머 감각이 있는 사람들은 자신감이 있으며 삶과 자신에 대해 웃을 수 있는 사람은 스트레스를 덜 받는다고 한다. 존 맥스웰John Maxwell은 유머 감각이 있는 사람은 좋은 인간관계를 유지하기 때문에 사람에 대한 영향력도 커진다고 했다.

군이 연구결과를 인용하지 않더라도 우리는 유쾌한 사람, 웃는 사람을 좋아한다. 내 말에 웃어주는 반응을 하는 사람에게 호감도 높아지고 마음이 끌리는 건 당연하다. 인간관계를 잘 유지하는 비법이 웃음이며 잘 웃고, 잘 웃기는 건 재능 중의 재능인 것이다.

재능이라는 말이 시사하듯 유머 감각은 타고나기도 하지만 노력하고 훈련하면 얼마든지 개발할 수 있다. 감각은 무뎌질 수도 있고, 벼린 만큼 뛰어나게 된다. 유머 감각도 개발한 만큼 발달하는 것이다. 뇌 발달에 기초한 몇 가지 개발 방법이 있어 공유한다.

먼저 우뇌를 활성화하는 방법이다. 유머 감각은 우뇌에 치중되어 있다. 우뇌는 유연함, 여유, 공감, 창의성, 감성을 담당

한다. 우뇌 활성화 연습을 하면 유머 감각을 발달시킬 수 있는 것이다. 거창한 이론 같지만 방법은 아주 간단하다. '이쁘다, 좋다, 즐겁다, 아름답다, 맛있다, 재밌다' 등 감각적이고 감성적인 언어를 많이 사용하면 우뇌가 활성화된다. 소리 내어 웃어보는 것도 좋다. 웃는 순간 우뇌가 활성화되기 때문이다.

동물에겐 없으나 인간에게 있는 것이 웃음보란다. 웃음보를 크게 하면 표정이 밝아지고 유연성도 커진다. 말을 잘하려면 말문이 터야 하듯 유머 코드가 있으려면 스스로 재미를 느끼고 웃어봐야 한다. 재미있는 글을 접하거나 개그 프로그램도 도움이 된다. 유머는 유연한 사고가 기본이므로 언어를 유연하게 사용하는 광고도 눈여겨보며 유연성을 기르는 것도 좋겠다. '어떻게 저런 기발한 생각을 할 수 있을까' 하는 열린 마음도 유머 감각 높이기에 좋다.

두 번째 방법은 웃기는 말을 자꾸 시도해보는 것이다. 내 말에 아무도 웃지 않을 거라고 미리 위축되지 말고 유쾌하고 통쾌한 유머라고 생각하며 해보자. '이 정도는 다른 사람들도 다 알고 있겠지? 이런 말에 웃을까' 하는 생각은 떨치자. 하늘 아래 새로운 것이 없다고 한다. 편^{fun}한 이야기를 웃기게 하는 재능을 가졌으면 좋겠지만 '뻔'한 이야기도 할 수 있는 배짱이 필

이쁘게 관계 맺는 당신, 닮고 싶다

요하다. 자꾸 시도해보면 익숙해지고 자신감이 붙는다. 자신감이 있어야 재밌게 말할 수 있다.

　세 번째 방법은 사람들이 웃을 준비를 하고 있다고 믿거나 모든 사람이 내 말에 웃어주리라는 기대 없이 가볍게 해보는 것이다. 관계에서 성공하는 사람들은 웃자는 말에 공감하고 반응하며 크게 웃어주는 인간적인 사람이다. 설령 그렇지 않더라도 저마다 캐릭터가 다르므로 실망할 일은 아니다.

　컬투쇼 레전드 사연이다. 한 할아버지가 보행자 신호를 기다리는 사람에게 다가와 "노루가 달리는 길은?" 하더니 대답할 시간도 주지 않고 "노르웨이" 하더란다. 이 사연을 듣자마자 크게 웃은 사람이 있고, 노루+웨이(길)를 분석하느라 웃지 못하는 사람도 있고, '저게 웃기나?' 하는 사람이 있고, '모르는 할아버지가 퀴즈를?' 하며 미심쩍어하는 사람도 있고, 이미 알고 있는 이야기여도 크게 웃는 사람도 있다. 컬투쇼 레전드급 사연에도 반응이 다를 수 있는 것이다.

　유머 지수는 '웃기는 재능'만이 아니다. 유머 지수를 높이고 싶다면 웃기는 재능과 아울러 웃는 재능도 올려보자. 소리 내어 웃는 습관, 활짝 미소 짓는 습관이 좋겠다. 입꼬리와 눈꼬리까지 웃도록 거울을 보며 연습하면 도움이 된다. 웃음은 유연한 사고에 도움이 되므로 웃기는 말도 유연하게 할 수 있다.

오늘 밤엔 고양이처럼 기지개를 켜며 온몸을 스트레칭하고 1분 웃기를 할 것이다. 몸과 마음이 밝고 유연해지는 웃음 명상이라고 한다. 소리 내어 5분 웃는 것이 좋다는데 아직은 1분도 쉽진 않지만 노력 중이다. 웃음을 얻으면 모든 것을 얻는다는 어느 명상가의 말이 거듭 다가온다.

이쁘게 관계 맺는 당신, 닮고 싶다

나의 열등감은
안녕하다

나보다 멋진 사람은 어디에나 있다.
보고 배울 수 있어서 다행이다.
열등감 느낄 사람이 많다면 사람 부자다.

햄○○라는 모 재벌 딸이 모임에서 화제였다. 패리스 힐튼 이야기도 나왔다. 모임의 연령층은 20, 30대. 그들은 앞다퉈 부러움과 열등감을 토로했다.

'부럽다. 뭘 해도 망할 일 없는데 뭐가 두렵겠냐, 누구는 유튜버로 돈 벌어보려고 몇 백을 투자했지만 종잣돈만 날리고 콘텐츠 빈곤에 시달리는데 ○○는 좋겠다. 그냥 일상을 찍어도 화보가 되고, 일상이 콘텐츠니 얼마나 좋을까. 올리기만 하면 뷰수가 나오는 사람과 기를 쓰고 콘텐츠 개발해봤자 성과 없는 우리와는 비교도 안 된다. 이러니 열등감에 안 빠질 수가 없다. 눈높이는 높아졌는데 일상은 달라질 기미가 안 보인다. 선망과 부러움의 대상과 현실의 갭이 큰 만큼 열등감은 더 크다. 부모 잘 만난 데다 재능과 끼 많은 재벌가의 젊은 친구를 보며 맨땅에 헤딩하는 자신이 볼품없게 느껴진다.'

젊은 친구들의 이야기를 들으면서 우리 부모 세대가 탄식처럼 했던 '송곳 하나 꽂을 땅이 없다'는 말이 떠올랐다. 농사지을 땅은커녕 뾰족한 송곳 하나 꽂을 땅이 없다는 표현은 방 서너 개에 화장실 두 개, 근사한 드레스룸까지는 아니더라도 깨끗한 원룸을 갖고 싶다는 젊은 친구들의 말과 비슷한 맥락일까.

이쁘게 관계 맺는 당신, 닮고 싶다

수백억의 빌딩을 가진 스타와 재벌가 사람들이야 별세계 사람으로 치더라도, 나를 열등감에 빠지게 하는 사람은 수없이 많다. 세상은 공평하다고 억지로 위로하지만 들여다볼수록 내가 참, 별로다. 아무리 봐도 가진 게 없다. 이래서 뭘 할 수 있나 싶어 의욕마저 상실이다. 한강뷰가 보이는 곳에서 와인을 마시는 일상, 명품 풀어보는 언박싱unboxing, 비싼 레스토랑을 분식집 드나들듯 하는 재력을 갖춘 사람들을 보면 황새와 뱁새 차이 정도가 아니라 뛰어야 벼룩이라는 열등감과 무력감에 휩싸인다. 가난과 결핍은 왜 이렇게 항상 가까이에 있는 걸까.

내게도 그런 시절이 있었다. 가난했던 자취 시절에 나는 피아노가 놓인 2층 양옥집에 살던 친구가 딴 세상 사람으로 보였다. 농사꾼의 딸과 의사, 사업가, 고위 공무원 부모를 둔 아이의 삶은 애초에 달랐다. 그건 하늘과 땅만큼의 천지 차이였다. 태어날 때부터 이미 계층이 나뉜다는 걸 확인하는 건 두려움이었다. 그 두려움은 열등감과 무능감을 동반하며 실패에 대한 또 다른 공포를 안겨주었다. 시도하기도 전에 "내가 뭘 하겠어." "내가 한다고 되겠어?"라며 안 될 이유부터 나열하게 만들었다.

그래도 스스로 생존해야 하는 가난한 자취생의 생존력은 대단했다. 어떻게든 나보다 더 큰 어려움을 겪은 어른들에게서 열등감을 이겨낼 단서를 찾아야 했다.

그중에서 "해보기는 해 봤어?"라는 말은 너무도 근사했다. 일단 대들어서 했기 때문에 성공했다는 그분은 이미 어마어마한 성취로 증명해 보였었다. 크고 작은 열등감에 주저앉을 때 나도 흉내내 봤다. "진짜 열심히 해보기는 해봤어?" 그리고 나름 열심히 살았다.

비슷한 처지의 자취생들을 보는 것도 위로가 되었다. 위가 아니라 옆을 쳐다보니 얼핏 봐도 고만고만하게 어려운 사람 투성이였다. 그 무렵 아시안 게임 영웅이었던 임춘애 선수의 우승 소감인 "라면 먹으면서 운동했다, 우유 마시는 친구가 부러웠다"는 인터뷰에 위로받았던 사람이 어디 나뿐이랴. 라면만 먹고 뛰었다는 건 언론사 와전이었다지만 그건 중요하지 않았다. 가난은 열등감에 빠질 사이 없이 열심히 뛸 동력을 주는 것이라는 메시지를 준 '라면 소녀'는 가난한 청년에게 커다란 동기부여였다.

이쁘게 관계 맺는 당신, 닮고 싶다

열등감에 사로잡힐 때 방법이 하나 더 있었다. 인정하는 것이었다. 나와 상대를 인정하면 당당해진다는 걸 배웠다. 나는 농부의 딸이며 단칸방 자취생이다. 이걸 인정하니 편해졌다. 부자 부모를 만난 친구를 인정하고, 경험치가 다양한 것을 인정하니 그들에게 배울 게 많았고, 관계도 편해졌다. 그들은 내가 고향을 가진 것에 부러워했고, 성실하고 따뜻한 부모를 둔 나를 부러워했다. 그때 느낀 것이 열등감의 반대는 우월감이 아니라 '당당한 인정'이라는 것이다.

열등감에서 벗어나는 노력보다 먼저 나와 상대를 있는 그대로 인정할 것. 인정할 건 인정하고 노력할 건 노력하니 내가 이룬 성과는 비록 작은 것이었어도 성취감은 컸다. 당당하게 온전히 내 힘으로 이룬 자기주도적인 삶의 결과물은 내게 다시 힘이 되어주었다.

바닷가에 살면 바다를, 들판에 살면 넓은 들을, 숲 근처에 살면 숲을 보는 기쁨을 누린다. 때로 내가 살지 못하는 저쪽이 더 근사해 보이기도 한다. 그렇다면 실컷 보자. 부러우면 지칠 때까지 부러워하고 열등감을 느끼면 기꺼이 허락하자. 내 세계를 고양시킬 원동력이며 다른 세상에서 장점을 찾고 부러워하는 것도 삶의 즐거움이다. 부러운 게 많다면 볼 것과 배울 것이 많다는 뜻이기도 하다. 어떤 면에서든 나보다 나은 사람이 많다면 나는 사람 부자다.

지금도, 여전히 열등감은 나와 친하다. 열등감은 내게 속삭이며 가끔 흔들리게도 한다. 그럴 때 나는 화답한다. '부러워하면 지는 게 아니라 부러워도 못하면 지는 거야.' 시시한 합리화 같지만 꽤 효과 있다. 그리고 다시 인정한다. 나보다 부분적으로 멋진 사람은 언제나 어디에나 있다고. 그래서 보고 배울 수 있어 다행이라고.

열등감 많은 나는 확실히 사람 부자다. 열등감 느끼게 하는 사람을 인정하고 관계를 잘 맺으면 인맥 지수, NQ$^{network\ quotient}$도 높아지니 열등감이여, 반갑다. 내내 안녕하라.

이쁘게 관계 맺는 당신, 닮고 싶다

남의 말에 크게
웃(어주)는 당신, 성공한다

웃어주는 것은 사회성을 발휘하는 방법이다.
웃자고 한 말에 크게 웃어주는 사회성 높은 당신,
배려심 높은 당신이 좋다.

강연 전 진행자가 PPT를 띄운다. 강연 안내인 줄 알았는데 '산토끼 시리즈' 퀴즈. IQ 30이 생각하는 산토끼의 반대말은? 끼토산, IQ 60이 생각하는 산토끼의 반댓말은? 바다 토끼, 알칼리 토끼, 판토끼. 이런 식으로 IQ 200까지 나왔다. 애니메이션 효과도 띠리링, 뿅 신나게 나오고 사람들은 답이 나올 때마다 박장대소다. 문제를 낼 때마다 척척 맞히는 사람도 있었다.

나는 이런 열광적인 반응에 함께하며 강연이 더 잘되도록 분위기를 만들어준 진행자에게 고마웠다. 웃음으로 마음이 열린 청중은 내 강연에도 폭발적 반응을 보일 것이기 때문이다. 반응은 강연자에게 도파민과 엔도르핀을 솟게 한다. 어느 강사는 청중의 반응이 좋으면 작두를 탈 정도가 된다고 했다. 청중의 열렬한 반응에 강사는 준비한 그 이상의 것으로 보답한다. 나도 예외가 아니다.

그런데 나는 짧은 순간이지만 스스로에게 당황했다. 웃으면서도 속로는 '왜 판토끼가 아이큐 200이지?' 'IQ 수준은 무슨 근거로 나눈 걸까? 난이도 기준은?' 이런 분석을 하고 있었기 때문이다. 웃는 연습을 수시로 해서 웃음이 많이 늘었다고

이쁘게 관계 맺는 당신, 닮고 싶다

자화자찬했지만 한참 더 노력해야겠구나 싶었다. 웃기는지 그렇지 않은지 분석하는 습관은 사회성이 발달한 어른의 태도는 아닌 것이다. 역지사지 능력이 발달한 어른은 상대방의 의도를 안다. 상대의 의도와 마음을 읽는 건 공감이다. 남이 웃자고 하는 말에는 웃는 게 배려이자 공감인 것이다. 웃기는 말에 웃(어주)는 건 공감 능력이 발달한 어른이 관계를 맺을 때 주로 사용한다. 이걸 알면서도 나는 분석하고 있었다. 예전보다 많이 줄었다고 위로했지만 갈 길이 아직 한참이다. 유머와 웃음은 언제든 내 화두고, 노력과 관심 순위 상위를 차지한다.

청소기를 돌리느라 엄마의 긴 머리가 앞으로 쏠려 내린 것을 보고 다섯 살 아이가 낄낄거리며 말했다. "엄마 머리가 귀신 같아." 이때 어떤 반응이 좋을지 골라보자고 그룹 상담에 모인 엄마들에게 제안했다.

반응 1. "뭐? 엄마 머리가 귀신 같다고? 귀신이 뭐야? 엄마
　　　　한테?"
반응 2. "이히히히, 귀신이다. 우리 ○○ 잡으러 갈까? 엄마
　　　　귀신이다. 이히히히."

"엄마한테 귀신이 뭐야?"라는 반응을 보이는 엄마와 아이 말의 의도를 알아주고 유머로 반응하는 엄마. 어떤 엄마가 아이와 소통 잘하고 관계가 좋을까. 아이가 웃자고 한 말에 정색하며 "그런 말 하면 듣는 사람이 얼마나 기분 나쁘겠어? 너는 귀신 같다는 말 들으면 좋아?"라는 엄마라면 어떨까.

웃자고 하는 말에 웃는 건 긍정 반응을 보이는 것이다. 이런 사람이 응용력이 높고, 창의성 있으며 낙천적이고 긍정론자라고 하니 이런 사람과 함께하면 인생이 즐겁다. 웃자고 하는 말이지만 웃기지 않는 조금 난감한 상황에도 웃어주는 인간성을 발휘한다면 참 따뜻해질 것 같다. 웃어줄 수 있는 사회성 높은 사람들과 함께 하니 세로토닌이 분비되어 심신도 건강해진다.

남이 웃자고 한 말에 크게 웃는 사람이고 싶다. 박장대소, 포복절도까지는 아니어도 크게 웃는 사람, 나는 정말 그런 인간성 지수, HQ^Humanity Quotient가 높은 사람이고 싶다. 안 웃겨도 웃어주는 것의 소중함도 안다. 그건 가식적인 행동이 아니라 건강한 관계를 맺는 사람이 가진 정서적 반응이기 때문이다. 웃기려고 하는 말임을 알아차리고 웃음으로 반응하는 건 하위

이쁘게 관계 맺는 당신, 닮고 싶다

드 가드너^{Haward Gardner}의 다중지능 중 타인을 이해하는 '대인관계 지능'과도 연결된다. 대인지능은 인간관계를 결정 짓는 관계지능이다. 웃어주는 건 인간성 지수가 높다는 것이며 대인관계 지능이 뛰어나다는 것이다.

얼굴 근육과 주름이 파격적으로 드러나도록 웃는 파안대소^{破顔大笑}라는 말처럼 남이 웃자고 한 말에 파안대소한다면 참 좋겠다. 부드럽게 활짝 웃어도 좋다.

웃자고 한 내 말에 크게 웃어주는 사람이 좋다. 웃자고 한 말임을 알아차리고 웃어주는 사회성 높은 당신, 배려심 높은 당신이 좋다. 그러고 보면 웃자고 하는 말에 어떤 반응을 보이느냐에 성공 요소가 다 들어 있는 것 같다. 남의 말에 크게 웃(어주)는 당신, 성공한다.

이쁘게 관계 맺는 당신, 닮고 싶다

내 마음에 따라
모든 게 달라진다면

자녀가 부모의 잘못된 양육을 원망한다면 인정하고 사과하자.
자책하자는 건 아니다.
그만하면 잘한 거라는 배짱도 필요하다.

"그래, 넌 요즘 살이 쪄서 문제야ㅜ."

친구와 문자를 주고받던 중 친구가 보내온 문자였다. 어? 하는데 친구에게 바로 전화가 왔다. "미안, '난'을 '넌'이라고 잘못 썼어. 미안."

나는 그 친구가 참 좋다. 그러니 친구가 말한 대로 '넌'이 아니라 '난'의 오타라고 즉시 믿는다. 그러면서 친구의 민망함을 빨리 털어주려고 내 실수담까지 말했다.

"나도 문자 실수 많이 해. 님을 놈이라고 보낸 적도 있어."

이 말은 사실이었다. 내 폰 자판엔 ㅣ 자 옆에 · 자가 있다. 어느 날 나는 '님'을 '놈'이라고 쳐서 '선생놈'이라고 문자를 보내고 만 것이다. 너무 놀라 재빨리 삭제했지만 그분이 봤는지는 모르겠다. 문자를 엉뚱한 사람에게 보낸 적도 있다. 마이너스 통장 캡처를 엄마한테 잘못 보낸 적도 있다. 실수를 알고 얼른 삭제 기능을 눌렀지만 민망함은 오래갔다.

실수담을 나누며 우리는 웃었다. 나이 든 여자에게 '나이 먹으면 나잇살 찐다더니. 넌 살이 쪄서 문제야'라는 문자는 마냥 웃으며 넘어갈 실수가 아니다. 만약 그 친구를 싫어했다면 내

이쁘게 관계 맺는 당신, 닮고 싶다

실수까지 들추며 실수를 덮어주고 또 덮어주었을까? 그러고 보면 바라보는 관점에 따라서 같은 상황이 아무 문제가 아닐 수도 있고 심각한 문제가 될 수도 있다. 상대가 좋으면 실수가 웃음 소재가 되고, 밉고 싫으면 실수를 가장한 저격이라고 비난하며 상처도 받는다.

실수 이야기가 나오자 우리 화제는 자연스럽게 지금도 후회되는 실수로 이어졌다. 다시 돌아갈 수 없어 더 후회되고 미안한 건 역시 자식 키울 때라면서. "왜 그렇게 몰랐을까?" "몰랐으니 둘 셋 낳아 용감하게 키웠지" 하면서. 자식 키운 역사에 서로 위로하고 다독여주면서. 부모의 실수가 태산 같아도 티끌로 여기면 좋으련만 은혜는 티끌이고 원망은 태산 같으면 어쩌지? 걱정도 하면서.

친구와 나도 '우리 부모는 왜!'라는 생각을 한 시절이 있었다. 어려웠던 시절에 우리는 만났다. 점심값을 아껴야 했던 우리는 오전 강의만 있는 날에는 맹물에 다시다 반 스푼 넣어 떡국을 끓여 먹으면서 세상에 이보다 맛난 떡국은 없다고 했다. 이후 아무리 진한 사골 국물에 그럴듯한 고명을 얹은 제대로 된 떡국을 먹어도 자취 시절 먹었던 MSG 맛 듬뿍 나던 그 떡국 맛은 못 따라간다고 우린 말한다. 참, 믿어지지 않게 가난했던 시절이다.

가끔 가난한 부모를 이해하지 못했고, 부모와는 말이 안 통한다며 정서적 디스를 한 적도 있었다. 그렇게 청춘을 지나 우리도 엄마가 되어 '우리 부모는 정말!'이라는 오해도 받으며 아이들을 키웠다. 실수투성이였지만 최선이라 믿으며 친구는 아이 셋을, 나는 둘을 키웠고 아이들은 어른이 되었다.

나는 부모교육전문가가 되어 부모의 실수와 잘못된 육아로 힘든 어린 시절을 보낸 젊은 엄마들과 상담을 한다. 어렸을 때 부모로부터 받은 상처 때문에 아파하는 젊은 부모는 지금 아이 키우는 데 어릴 적 트라우마가 방해가 된다며 고민한다. 부모와 맺은 애착형성이 그 사람의 내부작동모델internal working model 이 되어 전 인생에 영향을 미치니 그럴 수 있다. 부모가 사랑으로 따뜻하게 키웠다면 세상은 믿을 만하고 우호적이라고 여기고, 반대라면 세상을 불신하며 적대적이라고 보는 것이다.

현재가 힘들면 어린 시절에서 원인을 찾고 부모에게서 잘못의 원인을 찾기도 한다. 이런 사실을 아는 친구와 나이기

이쁘게 관계 맺는 당신, 닮고 싶다

에, 아이 키울 때 더 잘하지 못한 것을 안타까워하는지도 모르겠다.

그런데 부모가 자식 앞에서 죄책감에 시달리고 자책하는 모습만 보인다면, 그 모습을 보는 자녀는 행복하지 않다. 만약 자녀가 부모를 원망하거든 "너도 자식 낳아 키워보라"고 화내지 말고 미안하다고 진심으로 말하면 된다. 자식은 부모를 용서하며 고마워할 것이다. 부모와 자식은 그런 관계다. 부모가 자식에게 실수한 일만 떠올리고 자책한다면 자녀에게 불행을 전수하는 또 다른 실수를 하게 된다. 부모의 삶은 다 큰 자녀에게도 여전히 영향을 미치기 때문이다. 내 마음에 따라 모든 게 달라진다면 이런 배짱을 가질 필요가 있다.
'관계 중 어려운 관계가 부모-자녀 관계라는데 이만하면 잘 맺어온 거지.'

자녀는 부모가 행복하길 바란다. 후회하는 모습만 보이면 자녀로서는 부담이 될 뿐이다. 부모 자신에게 "그만하면 잘한 거지"라고 말해줄 필요가 있다. 마음먹기에 따라 모든 게 달라진다면 이 당당함은 앞으로 부모-자녀 관계를 더 좋아지게 한

다. 앞으로 덜 미안하고, 덜 후회하자는 마음을 심어주기 때문
이다. 친구와 전화를 끊기 전에 우리는 마음에 달린 거니까 앞
으로 이렇게 마음먹기로 약속했다.

'그만하면 잘한 거지, 이만하면 잘하는 거지. 앞으로 조금
더 잘하면 되지.'

이쁘게 관계 맺는 당신, 닮고 싶다

"내 생각이
쩗았어"

말실수하고 엎지른 물에 비유하며
수습을 안 한다면 뻔뻔한 사람이다.
엎지른 물, 말실수에 어떻게 대처하는가에 '그 사람'이 보인다.

"내 생각이 짧았어요."

실수를 인정하는 말이다. 나는 이 말이 보석 같은 가치를 담고 있음을 경험한 적이 있다. 대화 중에 후배가 한 말이었다. 거슬릴 정도의 실수도 아닌데 후배는 좌중을 향해 자신의 생각이 짧았음을 인정했다. 생각이 짧았다는 말을 하는 후배가 품격 있어 보였다. 다른 경험은, 팽팽한 긴장감이 도는 토론의 자리, 누구에게도 처지지 않는 전문가로서의 실력을 보여주는 자리에서 발표자가 자신의 실수를 인정하며 한 말이었다. 그가 상당히 멋져 보였다.

나 스스로에게 물어보건대 그건 어려운 일이다. 몇 글자 안 되지만 내 생각이 짧았다고 입 밖으로 내는 일은 쉽지 않다.

생각과 말의 상관관계는 어린아이들이 말을 배우는 과정에서 흔히 거론되는 주제다. 피아제^{Jean Piaget}라는 학자처럼 사고를 우선시하는 인지우선론자가 있고, 언어가 발달하면서 사고가 발달한다는 촘스키^{Noam Chomsky}라는 학자도 있다. 언어를 배울 즈음에는 언어가 사고 이전에 발달하는가, 사고가 발달해야 언어가 발달하는가에 관심을 가진다. 그리고 마침내 이런 결론에 이른다. 언어와 사고는 떼려야 뗄 수 없는 불가분의 관계다.

이쁘게 관계 맺는 당신, 닮고 싶다

언어와 사고는 동전의 양면 같은 것이고, 생각과 말은 하나이며, 그 사람에게 나온 말은 그 사람이다. 그래서 우리는 확신한다. '말은 그 사람이며 그 사람의 말에는 그 사람의 생각과 모든 것이 담겨 있다.'

문제는 생각하지 않고도 말을 자유자재로 하게 되면서 생각을 거치지 않고 말이 먼저 나와 당황할 때가 있다는 것이다. '말실수'다. 그때 어떻게 수습하는가. 만약 상대로부터 "생각 좀 하고 말해"라는 말을 들었다면 어떻게 하는가. 미처 생각지도 못한 말이 나와 스스로 놀란 적이 있다면 그때는 어떻게 하는가. 생각 없이 말한 말실수를 나도 알고 상대도 알 때, 이미 해버린 말실수는 어쩔 수 없는 것일까.

말실수를 엎지른 물에 비유한다. 돌이킬 수 없다는 뜻이다. 그런 만큼 말은 조심해야 한다. 하지만 말실수를 하고 엎지른 물에 비유하며 수습할 생각을 안 한다면 뻔뻔한 사람이다. 내가 엎지른 물에 남이 미끄러져 넘어지거나 바닥이 엉망이 되어서는 안 된다. 엎지른 물을 주워 담을 수는 없어도 빨리 수습해야 하고, 말실수했으면 다시 거둬들이진 못하더라도 그에 상응하는 수습을 해야 한다. 엎지른 물, 말실수에 어떻게 대처하는가에 '그 사람'이 보인다. '이미 엎질러진 물인걸, 할 수 없지' 한다면 미성숙하고 치사한 합리화다.

누구도 실수하고 싶지 않지만 실수는 누구나 한다. 실수하는 순간, 인정하고 미안해하는 태도를 보인다면 인격적인 사람이다. 실수를 대하는 태도에 인격이 보인다. 실수의 찰나, 실수의 순간에 나는 어떤 기제를 보이는가.

"내 생각이 짧았어요."

몇 글자 안 되는 말이지만 여러 가지 의미를 담은 말이다. 우리는 안다. 아무리 짧은 말이라도 이런 말이 빨리 나오기란 쉽지 않다. 말실수를 하면 1. 순간 변명, 2. 순간 부정, 3. 순간 회피의 반응이 자신도 모르게 나오기 때문이다.

잘못을 인정하기란 죽기보다 힘들다는 말이 있다. 좀 과장된 말 같지만 자신을 지키려는 방어기제가 본능적으로 앞서는 것을 감안하면 아주 과장된 말은 아니다. 우리에겐 내가 옳다고 입증하려는 원초적인 본능이 있다지 않은가. 그러기에 말실수하면 순간적으로 핑계와 변명거리를 찾는 말이 준비된 듯 나올 수 있다.

"당신이 나를 화나게 하니까 그렇지."

이쁘게 관계 맺는 당신, 닮고 싶다

"내가 언제 그렇게 말했어?"

"너는 안 그랬어?"

"됐어. 따지지 말고. 얼른 하던 거나 마저 하자구."

우기고 핑계 대고 덤터기 씌우는 사람을 보면 유치해 보인다. 인정하자니 자존심이 상하고 상대에게 빌미를 준 것 같아 찜찜하기도 하지만 인정하는 순간 관계의 차원이 달라진다. 인정하는 순간, 얼마나 인격적인지 우리는 안다.

인격적으로 수습하는 방법이 있다. 1. 우기지 않고, 2. 핑계 대지 않으며 3. 상대방 탓이라며 덤터기 씌우지 않기다. 성숙한 사람은 얼른 인정한다. 잘못된 원인을 외부에서 찾지 않는다. 인정할 줄 아는 성숙한 사람에게 나오는 말이 "내 생각이 짧았어"다. 발뺌하지 않고, 나를 이렇게 만든 건 당신 때문이라는 핑계 대지 않고, 자신의 실수를 인정하는 것. 그런데 이게 말로는 쉽지만 실천하기란 쉽지 않다.

'순간 실수' 했을 때 '자신을 지키려는' 방어기제가 찰나에 작동하지 않도록 일단 "내 생각이 짧았어"라고 말하자. 그러면 다음은 좀 더 수월하다. 이 과정에서 3초 이상이 소요되어 이

성의 영역으로 넘어간다. 이후로는 생각 없는 말이 나오지 않는다. 이성의 영역에서 생각하며 말하기 때문이다. '생각 좀 하고 말해'라는 말을 들으면 당황하지 말자. '너나 잘해' 식으로 맞받아치지도 않기다. 점점 감정적이 될 뿐이다. 말실수하지 않는 게 최선이지만 말이란 게 가끔 생각대로 안 나올 때도 있다. 그럴 때 바로 나올 수 있도록 연습해두어야겠다.

"내 생각이 짧았어."

천 번을 생각하고 아무리 조심해도 한 번은 실수할 수 있다는 천려일실千慮一失이라는 말처럼 실수는 한다. 다만 실수를 엎질러진 물이라고 방치하지 않고 얼른 인정하는 인격을 보인다면 그 실수는 나를 더 발전시키는 병가지상사兵家之常事가 될 수 있다.

이쁘게 관계 맺는 당신, 닮고 싶다

단 한 사람 있는가

까칠하고 못된 나,
이기적인 나를 견디며 묵묵히 지켜주는 한 사람.
그 한 사람, 있는가!

행복한 금요일 오후다. 미팅을 마치고 혼자 남아 금요일 오후를 만끽하는 중이었다. 특별한 일 없어도 특별하게 느껴지는 금요일을 나는 해피 금요일이라고 한다. 특히 금요일 오후면 모든 게 좋다. 옆 좌석에서 조금 큰 목소리로 말하는 사람들의 이야기도 흥미롭게 들린다.

그들도 행복한지 한껏 들뜬 목소리로 남편 이야기, 아이들 이야기, 드라마 이야기, 연예인 이야기를 재밌게 이어간다. 드라마든 예능이든 다른 사람들의 말로 들으면 더 재미있을 때가 있다. 나도 어느새 그 자리에 같이 있는 듯 몰입도가 높아지는데 이야기가 무르익어 차승원 배우와 삼시세끼 프로그램 이야기가 나온다.

"삼시세끼에 차승원이 나오는데"로 시작된 이야기는 '단 한 사람' '친구'에 대한 심오한 소재로 이어지고 있었다. 공효진 배우가 이 프로그램에 출연해서 예전에 차승원과 촬영했을 당시 차승원에게 "선배님 친구 없죠?" 했더니 차승원이 말했단다. "하나 있어. 유해진."

들으면서 더 솔깃해졌다. 이야기를 꺼낸 사람이 어떤 식으로든 재해석할 것 같은 기대에서였다. 역시 누군가가 말했다.

이쁘게 관계 맺는 당신, 닮고 싶다

"근데 그거 보면서, 차승원이 까칠한 차도남이라서 친구가 하나밖에 없다는 생각보다 진짜 친구 하나만 있어도 좋겠다는 생각이 들었어."

그들은 이제 인간관계에 대해서, 마음 맞는 친구에 대해 이야기를 나누고 있었다.

"얼마나 까칠하면 친구가 달랑 한 명밖에 없을까 했는데 외려 속 깊어 보이고 따뜻해지더라고. 내가 결혼하고 이사 와서 친구들과도 멀어진다고 생각해서인가 눈물이 나더라니까. 그동안 사람들 사귀는 데 진짜 공들였거든. 근데, 언제든 누가 물어보면 있어, 유해진. 이렇게 망설임 없이 이름 댈 수 있는 친구 한 명만 있어도 괜찮지 않나? 문제는 그런 한 사람이 있냐는 말이지."

말은 역시 전파력이 있다. 내게 에코익echoic으로 메아리쳐 들렸다. '그 한 사람 있는가.' 나의 경청은 거기서 마무리되었다. 내 생각에 빠져들었기 때문이다. 나는 내게 또 물었다.

'그 한 사람 있는가!'

왜 당신만 쓸쓸하겠는가. 인간은 쓸쓸하다. 여러 사람에 둘러싸여 있어도 외롭긴 마찬가지다. 군중 속의 고독이라는 말도 있다. '외로우니까 사람이다'라고 시인은 노래하고, 고독은 지성인의 선물이라는 말이 고독한 우리를 위로하기도 한다. 그렇다. 당신도 외롭고 나도 외롭다. 그래도 잘 보면 당신 곁에 한 사람은 있을 거다. 까칠하고 못된 내 성격을 받아주는 누군가 한 사람. 나만 아는 이기적인 나를 견디며 묵묵히 지켜주는 한 사람. 그 한 사람이 있으면 된다. 그런데, 있는가. 그 한 사람!

아무리 자문해도 그 한 사람이 없다는 내면의 은밀한 대답이 들릴 수 있다. 그러면 내가 내게 '그 한 사람'이 되는 것은 어떤가. 그럼에도 내게 누군가 한 사람이 있으면 좋겠다면 내가 그의 단 한 사람이 되어주는 멋진 방법도 있다. 그에게 내가, 내가 그에게 단 한 사람이 되어주는 것. 이 생각만으로도 뭉클해지고 먹먹해진다.

중학교 때 한자 선생님이 사람 人자를 가르치며 설명해주시던 기억이 난다.

"사람 人은 말이야. 서로 받쳐주는 거야. 이렇게. 이렇게."

이쁘게 관계 맺는 당신, 닮고 싶다

선생님은 사람 人 자, 두 획을 칠판에 한 획 한 획 정성스럽게 서로를 받치듯 쓰셨다.

"봤지? 안정적이지? 한 획만 있으면 소용없어. 두 획이 서로 받쳐주어야 해. 그런데 얘들아, 획 크기가 달라. 크기가 같으면 받치는 게 아니라 버티는 것 같지 않니?"

그러고 보니 人 자는 큰 획과 작은 획의 조화였다. 선생님이 더 멋진 교훈을 말씀하셨는지는 기억이 나질 않는다. 하지만 의미 붙이기를 좋아하는 인류의 후예로서 하나 덧붙인다면 두 획 중 하나가 없으면 쓰러진다는 평범한 진리다.

그렇다. 서로에게 단 한 사람만 있어도 쓰러지지 않는다.

내게 그런 단 한 사람 있는가.

누군가에게 나는 그런, 단 한 사람인가.

이쁘게 관계 맺는 당신, 닮고 싶다

3장

이쁘게 관계 맺는
당신이 아름답다

내 인생 살맛나게 하는 방법,
담백하게 받아들이기

남의 말에 화끈발끈 반응을 보이는 것도
단짠단짠 음식 때문일까.
남의 말에 쓰다 달다 반응하면 내 입맛만 씁쓸해진다.

여름날 어죽은 추억의 음식이다. 아버지가 특별히 좋아한 음식이 추어탕과 어죽이었다. 아버지를 끔찍이도 챙겼던 엄마는 아버지가 아침 일찍 논엘 가시면 추어탕 끓일 준비를 했다. 아버지가 미꾸라지를 잡아오실 것이므로.

논에서 돌아오시는 아버지의 손엔 미꾸라지가 담긴 통이 들려 있었다. 푸덕푸덕 힘찬 용틀임 하는 미꾸라지를 보고 신기해하는 딸에게 아버지는 "미꾸라지 한 마리가 온 웅덩이를 흐린다"는 속담을 알려주셨고, 미꾸라지가 오래되면 이무기가 되고 용이 된다는 전설도 들려주셨다. 그런 힘이 넘치는 미꾸라지여서일까. 추어탕은 여름날 몸을 보하는 보양식, 원기를 주는 음식으로 대접받았다.

엄마는 기막히게 맛있는 추어탕을 끓이셨다. 어린 자식들이 먹기 좋게 미꾸라지를 갈고, 아버지 드시기 좋게 미꾸라지를 통째로 끓여서 알맞게 국대접에 퍼주셨다. 추어탕도 별미려니와 엄마의 어죽은 동네에 소문날 정도로 맛있었다. 냇가에서 잡아 온 민물고기나 작은 새우가 들어간 어죽에 가끔은 수제비를 넣고 때로는 국수를 넣어 어린 자식까지 어죽 먹는 재미에 빠지게 했다.

이쁘게 관계 맺는 당신이 아름답다

추억의 음식은 스토리가 있어 그에 따른 과장된 맛까지 담겨 있기 마련인가. 유년의 여름을 떠올리면 기분이 좋은 데다 이런 음식까지 더하면 '더욱 그립고 행복한 여름 이야기'로 아련해진다. 추억의 음식을 먹으러 가면 행복한 어린 날 추억이 떠올라 미소부터 지어지기도 한다. 그날도 그랬다. 어죽을 주문하고 추억을 떠올리는데 할아버지 두 분이 어죽을 드시고 계신다. 두 분에게도 추억의 음식일까.

"먹을 만해?"
"그만그만해. 근데 영 예전 맛은 안 나."
두 분의 짧은 대화를 듣는데 뜬금없이 내가 "먹을 만해?"라는 질문을 받았다면 어떤 말로 응수했을지 상상해봤다. 그리고 "예전 맛은 안 나"라는 대답을 들었을 때는 또 어떻게 대답했을지 생각해봤다. "예전 맛 기대하면 안 되지." "입맛이 변했는데 예전 맛 타령하면 되나." "요즘 음식은 정성이 안 들어가." "세상 변한 게 어디 한두 가진가. 맞춰 살아야지." 이런 대답을 떠올리며 두 분의 다음 대화를 기대하고 있는데 두 분은 별말씀 없이 맛있게 식사를 하신다.

나는 무엇을 기다렸을까. '남의 말에 어떻게 반응하는 게 대화와 소통에 좋을까'였을 거다. 하지만 나는 곧바로 전혀, 의외의 것을 깨달았다. 먹을 만하냐, 맛있냐고 물었을 때 별맛이 없더라도 부정적인 말보다는 긍정적으로 대답하는 게 좋다는 평소의 내 생각을 바꾼 것이기도 했다. 남의 반응에 '그런가 보다' 하고 넘어가는 '무심함'에 대해서였다. 무미하고 건조한 것의 소중함이랄까. 상대방이 나이 드니 입맛이 변했다고 하든, 예전만큼 음식에 정성이 안 들어간다고 세태 탓을 하든 담담하게 받아들이며 맛있게 드시는 두 분을 보며 든 생각이었다.

　　남의 말에 상처를 받는다는 사람들이 많다. 남이 듣기 싫어하는 말은 하지 말고 상처 주는 말을 하지 말아야 한다는 말을 나도 하고, 자주 듣기도 한다. 말에 상처를 받고 말로 상처를 주는 일이 허다하기 때문일 거다. 그런데 그날 나는 느꼈다. 듣는 사람이 고깝게 듣지 않는다면 상대가 뭐라 말하든 문제없다. '그러려니' '그런가 보다' 하는 무심함의 담백함. 마치 엄마가 해주셨던 음식 맛과 비슷하다. 돌이켜보니 그 시절에는 남의 말에 상처 받는다는 말을 함부로 하지 않았었다.
　　먹는 것에 따라 성정이 달라진다는 말이 실감 난다. 남의 말

이쁘게 관계 맺는 당신이 아름답다

에 화끈발끈 반응을 보이는 것도 요즘 먹는 단짠단짠 음식 때문일까.

남의 말에 쓰다 달다 반응하다 보면 내 입맛만 씁쓸해질 수 있다. 상대가 맛없다고 하든 환상적이라고 하든 그건 그의 입맛과 의견이다. 네가 맛없다고 하니까 멀쩡한 내 입맛도 떨어진다는 발끈함보다 상대방의 반응에 보이는 담백함이야말로 내 입맛 살리고 내 인생 살맛나게 하는 방법 아닐까.

다시 두 분의 이야기가 들렸다.

"옛날엔 짱돌로 붕어 잡고 통발로 미꾸리 잡아서 호박잎 하고 깻잎 넣고 끓이면 참 맛있었어."

"그랬지. 친구들하고 미꾸리 잡아가면 울 엄니가 맛있게 끓여주셨지."

두 분 역시 음식 추억담이다. 듣기만 해도 맛깔난 추억담에 침이 꼴깍 넘어가는데 마침 주문한 어죽이 나왔다. 내 생각이 그러해서일까. 구수하고 담백하니 맛있다. 남의 반응도 내 생각에 따라 다양한 맛으로 느껴진다면 쓰고, 시고, 달고, 짜고, 매운맛을 느끼는 세상살이에서 '담백함'을 선택하는 것이 상처받지 않는 방법임을 깨닫게 된 날이었다.

담백해질 때까지 많이 노력해야 하는 것도 안다. 예민하고 발끈하고 상처 받는 습관 때문에. 하지만 단짠단짠의 화끈한 반응보다 담백함을 선택하기로 한다. 오래도록 질리지 않게 하는 맛이 담백함임을 알기에.

이쁘게 관계 맺는 당신이 아름답다

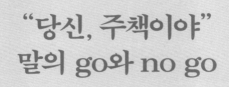

"당신, 주책이야"
말의 go와 no go

나오는 대로 하는 말,
거절하면서 훈계하려는 말은
나쁜 의도가 없어도 상처를 준다.

"급이 다르지."

이 말은 자신을 말할 때는 물론이고 다른 사람에 빗댈 때도 조심할 말이다. 습관이 되면 자신도 모르게 자꾸 나온다. 맛집 이야기를 하면서도 급이 다르지, 여행 이야기를 하면서도 급이 다르지 한다면 그건 상대방과 자신의 수준 차이를 은근히 드러내는 말로 들릴 수 있다. 경우에 따라 '나는 너희들과 노는 물이 다르다'로 들려 자신이 상대방의 우위에 있다는 과시로 들리기도 한다. 급이 다르다는 말을 하는 사람이 실제로 여러 면에서 수준이 높다면 그가 말한 급이 다르다는 말은 상대방을 자격지심에 빠지게 한다. 의도와 상관없이 그렇다. 급이 다르다고 말하는 수준 차이 나는 사람과 맘 편히 터놓고 지낼 사람은 많지 않다.

"우리 직원이라면 어림도 없지."

고등학교 동창회에서 술 한 배 돌고 대화가 한창 무르익어 흥겨운데 동창생 한 명이 "태영아, 너는 갈수록 너희 아버지 머리 닮아가는데? 머리 관리해야 하지 않겠어?" 한다. 태영 씨의 탈모를 말하는 것이다. 가뜩이나 탈모에 신경 쓰이는 태영 씨는 기분이 나쁜 것을 표시 내지 않기 위해 나름 돌려 말한다

이쁘게 관계 맺는 당신이 아름답다

는 게 "오, 대담한데. 우리 직원이라면 그런 말 어림도 없지"였다. 회사의 CEO인 그는 직장이었다면 자신에게 그런 말을 감히 못한다는 식으로 친구가 마치 부하 직원이라도 되는 듯이 말했다. 말 내용에 따라 표정도 말투도 달라지는 법이라 태영 씨도 모르게 거만한 말투로 나왔다. 다른 친구의 재치로 넘어 갔지만 태영 씨의 말에 분위기가 잠시 가라앉았다.

친구를 사회적 지위나 직장에서의 관계로 대입하는 습관이 있다면 부지불식간에 상급자처럼 말할 수 있다. 사적인 모임에서 직장이나 부하 직원 이야기를 자주 꺼내는 사람도 사적 모임을 직장 회식 자리로 착각해서 상대를 수직으로 보는 말이 자신도 모르게 나온다. 설령 친구가 말실수를 했거나 비아냥거리는 식으로 말했더라도 "그래? 꾸준히 관리하는데도 아버지 DNA가 이기네" 하며 여유 있게 받아주었으면 어땠을까. 굳이 시비를 가릴 말이 아니라면 넘어가주는 것도 넉넉해 보이고 인품 있어 보인다.

"그러니까 너는 말이야."
병원비가 급해진 친구가 어렵게 돈 이야기를 하자 형석 씨가 한 말이다. 형편이 안 돼 돈을 못 빌려주든, 친구 사이엔 금전 거래 안 한다는 자신의 소신에 따라 빌려주지 않든 이럴 때일수록 상대방을 가르치는 듯한 말투는 조심해야 하건만 관계를 위태하게 하는 말을 형석 씨는 예사로 한다.

"나는 친구 사이엔 돈 거래 안 하는 거 알잖아. 거절하는 나만 이상하게 된 거 아냐?"

"너는 그동안 보니까 미리 준비 안 하는 것 같더라. 사람이 언제 어려움이 닥칠지 모르는데."

"너는 왜 그런 말을 해서 서로 불편하게 하냐."

도와주지는 못할망정 옳은 말이랍시고 염장 지르는 말을 하면 상대방을 이중으로 서운하게 한다. 거절하면 했지 그간의 행적이 옳다 그르다 하며 가르치는 말을 하는 건 관계도 깨자는 말이다. 부탁을 들어주지도 않으면서 가뜩이나 어려운 상대방을 난처하게 하는 말을 하는 야박함이라니.

도와주지는 못하지만 최소한의 예의를 갖추는 말이 있다.

"어려워서 어떡하지. (1, 2초 쉬고) 미안해."

1, 2초 쉬는 것은 나의 숙고하는 마음을 보여주기 위해서다. 어려운 말을 한 상대에게 일언지하一言之下에 거절하기보다 어렵

게 거절하는 것임을 보여주는 매너다. 거절하는 이유를 말해줄 사이라면 이유도 말하는 게 낫다. 거절하는 것이 미안한 사이가 아니라면 굳이 미안하다는 말할 필요 없이 말끝을 맺지 않는 방법도 있다. "어렵게 말 꺼낸 건데… 어떡하지…" 정도다. 일반 대화에서는 말끝을 흐리지 않는 게 좋지만 난처한 상황에서는 마침표를 찍지 않는 것이 덜 야속하게 느껴진다.

어려운 부탁이 안 오면 좋겠지만, 만약 그런 경우라면 괜한 말꼬투리 잡힐 말은 하지 않는 게 적절한 처세다. 거절할 수밖에 없는 부탁을 한 건 상대인데 자칫하면 내가 인정 없는 사람이 될 수 있다. 단칼에 거절한 것도 모자라 부탁해온 사람에게 훈시하는 게 거절을 잘하는 것으로 생각했다면 부드러운 거절을 연습해야 한다. '어차피 거절할 거면 희망 고문하지 말자'라는 생각에 말 꺼내자마자 단박에 거절할 때도 상대에게 잊지 못할 서운함은 남기지 않아야 한다.

나오는 대로 하는 말, 사적인지 공적인지 구분하지 못하고 하는 말, 남의 부탁 거절하면서 훈계하려는 말은 나쁜 의도가 없어도 비호감을 넘어 상처를 준다. 불필요한 말을 사족처럼 붙이면 주책스럽게도 보인다. 더이상 덜어낼 게 없을 때가 완벽한 문장이라고 한 생텍쥐페리^{Saint Exupery}의 말을 빌면 간결한 말이 무결점 말이다. 말에도 go와 no go가 있다. 할 말이 있고, 하지 않을 말이 있는 것이다. 말처럼 쉽진 않기에 오늘도 다짐한다. 하지 않을 말은 안 하기로. 어떤 곤란한 상황도 무난하게 하는 방법이 '하지 않을 말을 안 하는 것'이다.

이쁘게 관계 맺는 당신이 아름답다

말투가 문제인가,
당신이 문제인가

그의 마음을 안다면 굳이 말투가 비단같이 고우니
삼베 같다느니 할 필요는 없을 것 같다.
말투를 문제 삼지 않는 것도 관계 매너다.

브런치 카페다. 앳된 부부가 들어왔다. 아내는 들어오자마
자 환호성을 올렸다.

"여보, 여보야, 저기 봐, 저기 저 새!"

계곡 옆에 자리한 카페 창으로 흰 날개를 펼치며 날고 있는
새를 보며 아내는 감탄한다. 새가 날개를 펼쳐 우아한 비상을
하고 있다. 남편은 무심히 "어디?" 하고는 "뷰가 어디가 좋을
까?" 하며 의자 위치를 정하느라 여념 없다.

"자기야, 저거, 저 새 먼저 보라니까? 날아가기 전에 빨리."

"뭔데? 아, 새!"

새는 저만큼 날아가서 아까만큼의 자태는 볼 수 없었다.

"좀 보라니까 안 보고. 얼마나 멋졌는데."

안타까워하는 아내의 말에 남편은 말했다.

"응, 멋있네. 자기야, 여기 앉아. 여기 뷰가 더 좋네."

남편은 계곡이 잘 보이는 자리에 아내의 자리를 잡아주었지
만 아내는 말했다.

"뷰만 좋으면 뭐하냐. 볼 줄 알아야지."

"알았어, 알았어. 일단 앉아. 이제부터 보면 되잖아."

얼마 후, 수제 햄버거와 프렌치 프라이가 나왔다. 아내가 탄

이쁘게 관계 맺는 당신이 아름답다

성을 질렀다.

"우와, 사진에서 보던 대로다. 오, 진짜로 먹기 아깝다."

남편도 말했다.

"이걸 어떻게 먹지? 완전 5층 석탑이네. 눌러서 먹어야 하나? 아, 곤란하네."

아내가 말했다.

"자긴 말투가 왜 그러냐? 이 예쁜 걸 보고 먹기 곤란하다고 하긴. 암튼 같이 먹기 싫어졌어."

남편이 "왜 또? 뭐?" 하자 아내가 말했다.

"자기 툭툭거리는 말투는 정말 알아줘야 해."

감탄사가 예쁜 새댁과 무덤덤하게 말하는 남편이 대조적이라고 느끼는데 드디어 남편의 말투를 문제 삼는 아내. '이 부부, 식사도 하기 전에 싸우고 일어나나?' 위태로워 보였다. 하지만 그건 나의 기우였다. 둘은 그렇게 티격태격하며 맛있게 햄버거를 먹었고 세트로 나온 아이스커피 맛도 좋다면서 도란도란 식사했다.

말은 내용도 중요하지만 말을 담는 그릇인 말투가 중요하다는 이야기를 많이 한다. 나도 그런 말을 강조하는 사람 중 하나다. 그런데 부부를 보며 생각했다. 말투가 문제인 사람이 문제일까, 말투를 문제 삼는 사람이 문제일까. 말투가 문제라면 어떤 말투가 문제일까. 내 맘에 안 드는 상대의 말투가 문제일까. 그럼 말투를 지적받은 사람은 이렇게 말할 수도 있다.

"내 말투를 문제 삼는 당신이 문제야."

달을 가리켰더니 손가락을 본다는 말이 있다. 말투를 문제 삼는 것도 이와 같은 이치일지 모른다. 단순히 그 사람의 말 습관인 걸 안다면 '퉁명스럽다, 무슨 반응이 그렇게 무심하냐'고 하는 건 과민 반응일 수도 있다.

말투는 중요하다. 나는 이 생각을 바꿀 생각은 추호도 없다. 하지만 내가 그 사람의 본마음을 알고, 그가 말하는 내용이 어떤 의미인지 안다면 굳이 말투가 비단같이 고우니 삼베같이 거칠다니 할 필요는 없을 것 같다. 말투를 문제 삼지 않는 것이 관계를 보드랍게 한다.

앳된 부부가 맛난 식사를 하고 나간 다음에 나도 주섬주섬 짐을 챙겨 일어났다. 그리고 계곡 옆의 산책로를 따라 걸으며 자문자답해보았다.

이쁘게 관계 맺는 당신이 아름답다

'상대의 말투가 문제인가, 말투를 문제 삼는게 문제인가.'

선택해야 한다면 상대의 말투를 문제 삼지 않는 게 낫다는 대답이 바로 나왔다. 상대의 말투를 문제 삼을수록 나만 잃는 게 많다는 건 계산 안 해도 나온다. 바꿀 수 없는 남의 말투를 문제 삼느라 에너지를 낭비하고 기분까지 나빠지니 손해가 이만저만이 아닌 것이다.

산다는 건, 손익계산도 해야 하는 냉철한 일이다. 열 내며 감정적이 되면 일도 관계도 그르칠 수 있다. 냉철한 이성은 감정에 빠져 실수할 일을 막아준다. 이렇게 합리적으로 계산해보니 매사 그의 말투에 열정적으로 열 낼 거 없다는 답이 더 명쾌하게 나온다. 확실해진다. 상대방 말투는 문제없다.

이쁘게 관계 맺는 당신이 아름답다

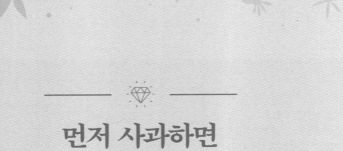

먼저 사과하면
만만해 보일까?

진심을 전하는 사과는 관계의 고리를 강하게 한다.
사과란 단지 잘못을 시인하고
용서를 구하는 행위 이상의 가치가 있다.

미드 〈섹스 앤드 더 시티〉 시청 중이었다. 주인공 캐리와 연인 사이에 오해가 생겼다. 사랑하는 두 사람이 헤어질 위기까지 가는데도 한 치 양보 없이 팽팽하게 맞서는 중이다. 캐리가 짐 들고 호텔 방을 나가면 둘의 관계는 끝난다. 그때였다. 모든 것을 뒤바꾸는 반전이 일어났고 둘은 다시 격렬히 포옹하며 사랑을 확인했다. 이별의 위기에서 다시 사랑을 샘솟게 하는 극적 반전이 일어난 것이다. 팽팽한 싸움을 멈추게 하고 사랑을 확인하게 한 건 바로 이 말이었다.

"암 쏘리."

극도의 분노와 오해, 헤어질 지경까지 치달은 위기를 끝낸 짧디 짧은 말, 암 쏘리. 우리말로 해도 세 음절의 짧은 말이다.

"미안해."

그런데 이렇게 짧은 말을 못하는 사람이 있다.

분명 잘못했는데도 '죄송합니다'를 못하는 직원 때문에 스트레스받는 대표가 있었다. 일 잘하기로는 뒤지지 않는데 실수를 하면 입을 꼭 다무는 직원 때문에 대표는 답답하다고 했다. 처음엔 성격인가 보다 하며 지나갔는데 매번 그런 직원을 보면 화가 났다. '뭐야? 잘못했으면 잘못했다, 죄송하다 해야 할

이쁘게 관계 맺는 당신이 아름답다

거 아냐?' 이렇게 심사 복잡하게 만드는 직원에게 어느 날은 고함치듯 말했다.

"이 사람아, 잘못했으면 인정을 해. 사과하면 어디 덧나? 사과하는 거 연습 좀 해."

대표는 이 말을 하다 깜짝 놀랐다. 데자뷔 현상이었다. 그동안 그 직원의 실수에 왜 그렇게 지나칠 정도로 불편했는지도 알게 됐다. 그에게 젊은 날 자신이 보였기 때문이었다.

젊은 시절 대표는 사과를 못 했다. 사과하고 싶은데 입이 안 떨어졌다. 잘못한 것도 인정하고, 속으로는 죄송한데 '잘못했습니다'라는 말이 입 밖으로 안 나왔다. 그런 그가 바뀐 계기가 있었다. 어느 날 상사와 이사님 실에 갔는데 어느 부분에 실수가 있었는지 이사님이 상사를 향해 "자네, 이런 실수 안 할 줄 알았는데, 부하 직원 실수여도 자네 잘못이지" 식으로 날카롭게 말했다. 상사는 즉각 90도 가깝게 숙였다. "제 잘못입니다. 죄송합니다." 그 모습이 상당히 멋져 보였다. 그는 자신의 실수에 바짝 얼어 있던 데다 상사의 사과하는 모습에 감탄하며 어리벙벙하게 서 있는데 이사님이 그에게 호통쳤다.

"이 사람아, 자네 잘못인 거 알지? 죄송하다고 할 사람은 자네라고. 인정을 해야지."

너무 부끄러워 도망가고 싶었다. 그럼에도 죄송하다는 말이 안 나왔다. 대신 속으로 욕을 했다. 스스로에게였다.

'빙신… 너, 모지리냐?'

그는 결심하고 또 다짐했다. '잘못하고도 잘못했다는 말을 못 하는 건 분명 모자란 인간 맞다. 사과하는 모습을 봐라. 얼마나 신사답고 멋지냐.' 그는 거울을 보며 연습했다. 너무 느리지도 않게, 너무 급하지도 않게 허리를 구부리는 게 중요했다. 너무 느리거나 빠르면 사과의 진정성이 부족해 보였다.

연습할수록 직속 상사가 보인 사과의 모습은 금방 따라 할 수 없는 고난도 기술이었다. 마음을 담은 진정성 있는 사과 자세는 매너 중 매너였던 것이다. 그동안 자신이 얼마나 뻔뻔하고 답답하며 사회성 부족한 사람으로 비쳐졌을까. 그는 사과야말로 인격적인 관계 맺기라고 확신했다. 사과할 일을 안 만들면 최상이겠지만 그런 삶은 없다는 전제에서 인생 잘 살려면 사과를 잘해야 한다는 확신이었다.

이쁘게 관계 맺는 당신이 아름답다

사과하면 상대가 만만하게 볼까 봐 인정하지 못하는 사람이 있다. 사과를 요청받거나 마지못해서 하는 미숙한 사람도 있다. 사과하면서도 치사하게 하는 사람도 있다. "속상했다면" "그렇게 생각했다면" "그럴 생각은 아니었는데"를 넣어 조건부로 사과하는 사람이다. 더 치사한 사람이 있다. "네가 그렇게 안 했다면" "좀 더 정확하게 말씀해주셨더라면" 하며 상대방을 끌고 들어가는 사람이다. 이런 말을 할 거라면 사과하지 말고 누가 잘못했는지 끝까지 시시비비 가리는 게 낫다. 자발적인 사과를 한다는 건 성숙하다는 의미다. 진짜 어른은 잘못을 인지하면 인정한다.

"제가 실수했습니다. 제 잘못입니다. 죄송합니다."

지금은 사과의 달인이 되었다는 대표의 말을 소개한다.

"사과는 누구나 할 수 있지만 먼저 사과하는 것은 아무나 못 한다. 자존심 상해서, 나보다 아랫사람이라서, 잘못했지만 상대방이 따지는 바람에 더 화가 나서 등 먼저 사과 못 할 이유는 많다. 그래서 먼저 사과하기가 어렵다. 사과는 약자의 변명이 아니라 리더의 언어다. 먼저 사과하는 사람은 리더가 분명하다. 리더, 앞, 먼저라는 말은 서로 통한다."

먼저 사과하는 사람이 리더 기질이 있다는 부분에 특히 동감이다. 사과의 가치에 대한 완성도를 높이는 차원에 존 케이더[John Kador]의 말도 인용해본다. "사과란 단지 잘못을 시인하고 용서를 구하는 행위 이상의 가치를 지녔다."

사과의 힘은 크다. 이별도 피할 수 있게 하는 말, 미안해. 관계의 위기를 지키는 말, 미안해. 상대의 자존감을 올리는 말, 미안해.

내 마음을 진심으로 전하는 사과는 관계를 이어주고 관계의 고리를 강하게 한다. 우리는 결속을 원하고 상대를 존중할 때 사과한다. 사과는 가치 이상의 가치를 가졌다.

이쁘게 관계 맺는 당신이 아름답다

세상에서 제일
소통 잘하는 사람

바라보고 귀 기울여주어 말하고 싶게 하는 사람에게
이런 마음이 샘솟는다.
'존중해줘서 고마워. 당신이 좋아, 당신을 사랑해.'

세상에서 가장 소통 잘하는 사람을 알고 있다. 공감 잘하기로도 따라갈 사람이 없다. 상대가 잘 알아듣지 못하는 발음으로 이상하게 말해도 사랑스럽게 바라보며 끄덕여준다. 한마디도 놓치지 않으려 들어주는 모습, 세상에 이보다 즐거운 일은 없다는 표정으로 상대에게 눈을 떼지 않는다. 엉터리 같은 상대의 말을 알아듣고는 제대로 다시 들려주기도 한다.

짐작했을지 모르겠다. 바로 어린아이의 부모다. 어린아이와 대화하는 부모를 보라. 소통의 대가, 대화의 귀재라는 말로도 부족하다.

"나, 이고모꼬또뽀끼도모고거야."
"응, 이거 먹고 떡볶이도 먹을 거예요?"
"음, 아빠오몬또뽀끼사달랩거얌."
"음, 아빠 오면 떡볶이 사달라고 할 거예요?"

음절도 어절도 발음도 뭐 하나 정확하지 않은데 엄마는 다 알아듣고 피드백해준다. "음, 음" 하며 아이는 신나서 말한다. 신기하다. 엄마는 아이의 말을 어떻게 그렇게 잘 알아들을까? 아이와 가장 많은 시간을 보내는 1차 양육자이기 때문일 것이다. 하지만 더 중요한 이유가 있다. 아이 말을 알아들으려고 최대한 집중하기 때문이다. '아이구 잘하네, 잘하네'라는 표정으로 아이를 바라보며 아이로 하여금 말하고 싶게도 한다. 엄마의 그런 모습에 아이는 언어 유능감을 느끼며 '어떤 말을 해서 엄마를 기쁘게 할까?' 하며 자꾸 말한다.

모 대기업 직장 어린이집에 강연을 갔다. Q&A 시간에 이런 질문이 나왔다. 26개월 아이가 말을 잘하도록 해주고 싶은데 부모로서 어떤 도움을 주어야 하는지 궁금하다는 것이었다. 나는 3가지의 팁을 주었다.

아이가 하는 말을 잘 알아들으려고 귀기울일 것.
아이가 한 말을 바르게 에코익 반응할 것.
아이와 말할 때 또박또박 천천히, 길지 않은 문장으로 말할 것.

이 밖에도 여러 방법이 있겠지만 이 3가지만 잘해도 아이의 언어발달을 촉진하기에 충분하다. 아울러 부모와 아이의 관계가 좋아진다. 관계가 좋아야 말하고 싶다. 좋은 사람에게 말문이 열리고, 마음을 여는 이치다.

말을 잘 알아들으려면 2가지가 필수다. 귀 기울이는 것이고, 발달 수준을 이해하는 것이다. 아이의 말을 알아들으려고 노력하는 엄마는 "똑바로 좀 말해, 발음이 그게 뭐야?"라고 하지 않는다. 아이가 배고파서 뭔가를 가리키며 "엄마, 저거 맘마 줘" 할 때 "우리 ○○, 배고파요? 밥 먹고 싶어요?" 한다. "애기처럼 맘마가 뭐야. 밥 주세요, 해야지"라고 면박 주며 가르치지 않는다. 잘못한 부분을 지적하기보다 바른 발음과 올바른 문장으로 피드백 해주어 아이가 자연스럽게 배우도록 한다.

바른 에코익 반응은 아이의 언어 유능감을 키운다. "아빠 오면 떡볶이 사달라고 할 거예요?" 이렇게 자신의 말을 정리해 말해주는 엄마의 말을 들으며 아이는 '엄마, 맞아. 내 말이 그 말이야!' 하고 자신이 표현하고자 하는 말을 재확인하며 바른 표현을 배운다.

서툰 영어 실력으로 말했는데 상대방이 알아듣고 바른 문장으로 성의 있게 피드백해주는 것을 가정해봐도 좋겠다. 내 마음에서는 상대를 향해 이렇게 외칠 것이다. "맞아, 내 말이 그 말이야. 고마워." 그러면서 언어 실력이 향상될 수 있다. 만약에 "무슨 말인지 못 알아듣겠네. 똑바로 좀 말해." "뭐라고? 발

이쁘게 관계 맺는 당신이 아름답다

음 좀 제대로 해봐. 무슨 말이야?"라는 말만 반복해 듣는다면 언어발달은커녕 언어 무능감에 빠져 입이 닫힐지도 모른다.

아이와 대화하는 엄마에게 대화의 기술을 배울 수 있다. 자신의 말에 기뻐하며 반응하는 엄마에게 아이가 뿜뿜, 내뿜던 자신감. 말을 잘 알아듣고 다시 바른 발음으로 또박또박 피드백해주는 엄마에게 아이는 "음, 음" 하며 얼마나 신나 하던가. 이 모든 것이 아이를 말 잘하게 하고 상대 말도 잘 듣게 하는 자산이 된다. 자신의 말을 잘 알아듣고 즐겁게 대하는 엄마를 보는 아이의 표정은 '나는 엄마가 세상에서 제일 좋아'였다. 내가 좋아하는 〈내가 만일 다시 아이를 키운다면〉이라는 시를 나는 이렇게 바꾸어본다.

내가 만일 다시 아이를 키운다면,
사랑스럽게 아이를 바라보리라.
아이 입에서 나오는 말에 마음 기울이며
아이가 한 말을 다시 사랑스럽게 들려주리라.
아이의 언어 유능감을 키워주어
아이가 말하고 싶게 하리라.

그렇게 키운다면 어느 날 아이에게 이런 말이 나올 것이다.

"나는 엄마가 참 좋아. 엄마랑 말하는 게 정말 좋아."

내가 정말 듣고 싶은 말이다. 이 말에는 평생 관계를 암시하는 모든 긍정적 요소가 함축되어 있다.

'엄마, 나를 존중해줘서 고마워. 엄마가 좋아, 엄마를 사랑해.'

어찌 부모와 아이의 관계뿐인가. 나를 사랑스럽게 바라보고, 내 말에 귀 기울여주어 내가 말하고 싶게 하는 사람과 평생토록 좋은 관계 맺고 싶은 것이.

이쁘게 관계 맺는 당신이 아름답다

시간과 사이좋은 당신
"여러분, 나는 한 살 더 먹었어요"

'시간을 죽인다'는 말이 있다.
정신이 번쩍 든다.
자기를 죽이는 사람을 누가 좋아할까.

새해를 맞이한 며칠 후다. 마트에서 과일을 보고 있는데 "여러분, 나는 이제 여섯 살이 됐어요. 축하해주세요. 야호!" "여러분, 나는 다섯 살 됐어요. 야호!" 하는 여자아이들의 목소리가 들린다. 잠시 후 목소리 주인공들이 나타났다. 한 아이가 두 팔 벌려 "여러분, 나는 여섯 살" 하다가 나를 보더니 주춤한다. 옆에 있던 아이는 아랑곳하지 않고 "여러분, 나는 다섯 살이 됐어요, 야호!" 한다. 그러더니 엄마에게 가는지 코너를 돌아 사라졌다. 나는 웃으며 그곳을 바라봤다. 나이 한 살 더 먹은 게 저렇게 좋은가 하는 표정으로. 다른 사람들도 아이들을 보며 웃었다. 지금 이 글을 쓰면서도 아이들의 목소리가 떠올라 미소가 지어진다. 나이 한 살 더 먹어서 너무 좋다는 그 모습이 눈에 선하다.

내 또래치고 나이 한 살 더 먹어서 좋다는 사람은 한 사람도 없다. 세월이 무섭다느니, 시간이 화살 같다는 말이 실감 난다느니 하며 오는 세월, 가는 세월을 야속하다 한다. 지인 중 한 사람은 "요즘 젊은 사람은…"을 입에 올리기 시작한 때부터 자신이 이미 젊지 않았다며 나이 먹는 것을 담담하게 받아들이지 못하는 것도 패배주의자 같다고 했다. 그러면서 그 또한 나

이쁘게 관계 맺는 당신이 아름답다

이 먹는 사람의 비관성이라고 했다. 종합해보면 새해를 맞이하는 게 어느모로 보나 반갑지 않은 것이다. 나를 포함해서다.

그러면서도 우리는 새해를 맞으면서 누가 먼저랄 것 없이 '해피 뉴 이어'라고 한다. 멋진 수식어와 동영상을 첨부해서 행복하고, 즐겁고, 희망차고, 복된 시간 맞으라고 덕담을 담아 문자를 보낸다. 그런데 시간이 이런 우리를 보고 비웃을 것 같다. 시간이 생각하고 말을 할 줄 안다면 우리에게 이렇게 말할 것 같다. "웃기지 마세요. 나는 나를 박대하는 당신들과 한시도 즐겁고 행복하고 싶지 않아요."

강연에서 청중에게 도화지 크기의 하얀 종이에 작게 찍힌 까만 점을 보여주며 '무엇이 보이느냐'고 질문하면 대부분 '까만 점'이 보인다고 한다. 까만 점은 불과 1센티 크기, 하얀 종이는 도화지 크기인데도 그렇다. 이 자료를 보여준 것은 단점 몇 가지에 집중하면 수십 가지 장점을 못 본다는 것을 강조하기 위해서였다. 한 가지에 집중하면 다른 것들은 못 보는 것이다. 엄연히 존재하는데 못 보는 것, 이걸 무주의 맹시라고 한다.

하버드 대학교 심리학자 2인은 '보이지 않는 고릴라 실험'으로 무주의 맹시inattentional blindness를 증명해 보이기도 했다. 하나에 집중하면 다른 건 안 보이는 것이다. 무주의 맹시는 우리의 현실에서도 종종 일어난다. 게임 하는 아이에게 밥 먹으라고 하면 못 듣는 것, 골프 채널에 몰두한 남편을 부르면 못 듣는 것 등이다. 그들이 못 들었다고 우기는 게 아니다. 다른 것에 집중하고 몰두하면 그럴 수 있다.

새해를 맞이하는 관점도 마찬가지다. 늙어가라고 주어진 시간이 아니라 잘 살라고 주어진 시간인데 늙는 것에만 초점을 맞추면 1년 동안 주어지는 수많은 감사와 환희, 희망과 기쁨을 못 본채 맞게 된다. 행복한 새해가 아니라 불행한 새해가 되는 것이다. 누구에게나 1년 365일, 하루 24시간이 주어지고, 86,400초를 받는다. 그 시간을 선물 받으면서 기뻐하는 사람과 한숨 쉬는 사람이 있다면 시간도 사람 가려서 편이 되어줄 것 같다. 기쁘게 받는 사람은 성장할 것이고, 슬프게 받는 사람은 그에 걸맞게 살 것이다. 시간도 자기를 반기는 사람 편에서 지지할 것이 분명하다.

시간을 의인화한 말 중에서 '시간을 죽인다'는 말이 있다. 정신이 번쩍 든다. 누가 자신을 죽이는 사람을 좋아할까. 시간

이쁘게 관계 맺는 당신이 아름답다

을 귀하게 여기는 것은 아이들처럼 나이 먹는 것을 기쁘게 여기는 것이다. 그렇게 시간과 잘 지내면 자아통합의 노년기라는 선물을 받게 되지만 그렇잖으면 절망의 노년기를 맞는다. 자아통합감과 절망감의 기로는 시간을 맞이하는 태도다.

발달은 태어나서 죽을 때까지의 변화과정을 말한다. 노화도 인간 발달의 한 과정임을 인정하고 받아들이는 것. 신체 노화에만 집중하지 말고 원숙한 경지로 시대의 어른이 되는 것에 초점을 맞추는 것이다. 최고의 삶의 지혜를 터득하는 시기가 오는데도 원망하는 건 시간과의 불행을 자초하는 일이다.

시간이 속절없이 간다느니, 내 편이 아니라느니, 공평하지 않다느니 하는 말들은 시간을 기분 나쁘게 할 것 같다. '시간을 빌릴 수도, 고용할 수도, 구매할 수도, 혹은 더 많이 소유할 수도 없는 독특한 자원'이라고 한 피터 드러커Peter Drucker의 말처럼 내게 주어진 귀한 시간을 무심코라도 박대하지 않을 일이다.

새해는 해마다 맞이한다. 그때마다 5, 6세 아이들을 따라 해봐도 좋겠다. 아이들처럼 반가운 마음, 행복한 마음으로 맞는 거다. 시간과 관계를 잘 맺는 새해 인사 준비해봤다. 진심을 담아 두 팔 벌려 새해를 맞이하는 인사다.

"여러분, 새해가 되었어요. 365일을 받았어요. 시간과 잘 지낼 거예요. 즐겁고, 기쁘고, 희망찬 새해예요. 해피 뉴 이어, Happy New Year."

이쁘게 관계 맺는 당신이 아름답다

4장

나는 관계에
진심을 담기로 했다

실수를
받아들이는 태도

남의 실수를 어떻게 대하느냐에 따라
사람을 잃을 수도, 얻을 수도 있다.
나는 상대의 실수를 어떻게 받아들이는가.

옷깃만 스쳐도 인연이라는 말이 있다. 인연은 우연이 아니라 필연이라는 말도 있다. '사람들 사이에 맺어지는 관계'라는 인연의 사전적 의미는 스치듯 만나도 이미 인연은 예삿일이 아님을 말해준다. 하지만 다양한 사람들과 관계 맺는 동안 좋게 맺어지는 인연, 묘하게 얽히는 인연, 옷깃을 안 스쳤으면 좋았을 인연도 있다.

10시간을 함께해야 하는 비행기 옆자리라면 어떤 인연일까. 더구나 이코노미석의 옆자리라면 옷깃을 스치는 인연이 아니라 옷을 대고 있는 인연이다. 만약 이륙 전에 옆자리 사람에게 실수했다면 10시간은 길고 불편한 억만 년처럼 느껴질 수 있다.

나는 통로석이었다. 옆에 앉은 분이 "제가 화장실 갈 때 실례를 할 수 있겠네요" 했다. 당연한 건데 곱게 말하는 그 사람이 예뻐 보였다. 이때부터 실수는 예정되어 있었는지도 모른다. 예뻐 보이면 말 몇 마디 건네는 나의 습관 때문이다. 이륙을 기다리는 동안 그 친구가 동행자와 이야기하는데 참 정다워 보였다. 나는 "두 분이 여행하시나 봐요. 딸하고 여행하니 너무 좋겠어요" 했다. 그러자 둘이 손을 저으며 말했다. "아네요. 우린 친구예요."

나는 관계에 진심을 담기로 했다

아뿔사, 어머나, 이를 어쩌나. 솔직히 다음 말은 기억나지 않지만 당황해서 "어머, 미안해요. 자세히 보지도 않고." 이런 식으로 얼버무리듯 수습한 것 같다. 그런데 내 실수에 무안할 당사자가 웃으며 이렇게 말하는 것 아닌가. "괜찮아요. 제가 어른스럽다는 말을 많이 들어요."

졸지에 이상한 아줌마가 된 나는 10시간을 버틸 생각하니 마음이 편치 않았다. 정서적 거리니 뭐니 하며 남에게 보이는 관심에 대해 신중하자던 내가 무엇 때문에 남의 관계에 관심을 보였단 말인가. 하물며 친구 사이를 모녀 사이로 보다니 내 눈이 단단히 잘못되었나 보다. 아무리 봐도 30대 딸을 둔 나이로 보이지 않건만 실수를 하려면 제 손으로 제 눈을 찌른다더니. 정말 어이없는 실수를 한 나는 비행기가 밴쿠버 공항에 착륙하기까지 편치 않았다.

짐을 찾아 출구로 나가는데 두 사람이 보였다. 이번에는 제대로 인사해야겠다 싶어서 "두 친구분 여행 잘하세요" 하고 헤어졌는데 악연이 더 질기다더니 마중 나온 현지 대표와 만나서 주차장으로 가는 중에 또 만났다. 이번에는 상대 쪽에서 말을 걸어왔다.

"죄송한데요, 여기 사시는 분이면 뭐 좀 여쭤봐도 될까요?"

이때부터 현지 대표와 그들의 인연이 시작되었다. 다시는 스치고 싶지 않은 인연을 선연으로 만드는 젊은 친구를 보며 인생의 지혜는 나이에 비례하는 건 아니라는 생각이 들었다.

악연이 될 실수는 하지 않아야 한다. 하지만 실수는 할 수 있고, 실수했다면 얼른 그에 맞는 사과를 하든 책임을 져야 한다. 여기까지는 실수한 사람 관점에서의 일반적인 이야기고, 아이에게도 가르치는 기본 매너다. 그러면 실수한 사람을 대하는 태도에는 어떤 게 있을까. 상대가 사과한다고 해서 실수가 없어지는 것도 아니고, 실수 내용에 따라 찜찜한 여운이 오래 갈 수도 있다. 당황감은 또 어쩔 것인가.

남의 실수에 관대하고 여유 있게 대하는 것이야말로 대인 관계에서 중요한 처신이다. 비행기 안에서의 실수로 나는 상대방의 실수를 대하는 태도에 대한 소중한 처세를 배웠다. '사람들과 사귀며 살아간다'는 게 처세處世의 정의다. 그렇다면 실수한 사람에게 어떻게 처세하는가는 악연을 선연으로 만드는 고

나는 관계에 진심을 담기로 했다

급 관계 맺기 기술일 것이다. 말도 안 되는 상대의 실수에 미소로 반응하기는 어렵다. "뭐라고요?" "말 다 했어?" "이 사람이?"라며 당황해서 표정이 굳어지지만 않아도 다행이다.

　나중에 들었지만 그에겐 비결이 있었다. 낙천성이다. 타고난 낙천성도 있지만 가족들이 거의 그렇다고 했다. 잘 웃고, 잘 웃기고, 서로에게 화가 나도 하루를 넘기지 않고 화해하는 게 가족끼리의 약속이고 어려서부터 그렇게 성장했기 때문에 습관이 된 것 같다고 했다. 부모의 역할과 가정의 분위기가 이렇게 중요하다. 선천적 낙관성과 후천적 가정환경이 합쳐진다면 상대의 실수에 유연하게 대처할 수 있는 것이다.

　이런 행운은 누구에게나 주어진 건 아니다. 하지만 노력하면 얼마든지 개발할 수 있다. 감정조절법으로도 요긴하게 쓸 수 있는 아주 쉬운 비법이 있다. 침 한 번 삼키는 거다. 편도체에서 이성뇌 영역으로 건너가는 최소의 시간을 확보할 수 있다. 이성뇌가 감정적으로 행동하거나 말하지 말라고 가르쳐주는 시간이다. 인연을 악연으로 만들지 않고 악연조차 선연으로 만드는 방법에도 유용하다.

그 당시 내 실수담을 들은 현지 대표의 반응은 "그 친구, 실수를 대하는 태도가 성숙하네요. 또래보다 어른스럽다는 말을 충분히 들을 수 있겠어요"였다. 내가 한 실수와 그 실수를 받아들이는 젊은 친구 모두를 감싸듯 해석한 대표는 지금도 두 사람과 좋은 인연을 이어가고 있다.

실수를 어떻게 대하느냐에 따라 사람을 잃을 수도 얻을 수도 있다는 걸 다시 확인한다. 나는 상대의 실수를 어떻게 받아들이는가.

나는 관계에 진심을 담기로 했다

몸이 아프면
관계도 아프다

아플 때 외부와의 단절감이라는 이중고에 빠질 수 있다.
지금부터 반가운 목소리, 밝은 표정으로
관계가 잘 이어지게 해야겠다.

"1년만 지나면 돼. 어차피 시간은 가니까. 그동안 내 몸만 돌보며 잘 지내야지."

앞만 보고 열심히 일하며 살아온 선배가 이제부터 몸만 돌보겠다는 말을 하자 후배는 진심으로 "그럼요, 그럼요" 했다. 후배는 예전보다 선배에게 자주 전화하는데 누가 환자인지 누가 멀쩡한 사람인지 모를 지경이다. 선배의 긍정적인 면모가 환자가 되면서 더 빛을 발하는 것 같다.

아무리 긍정적인 사람이라도 3기 암은 청천벽력이다. 1년이라는 치료 기간이 짧지 않을뿐더러 그사이 어떤 증상이 나타날지 모르는 두려움과 공포의 시간이기도 하다. 그런데 선배는 어차피 시간은 가는 것이고 그동안 자신의 몸을 집중해서 돌보면 된다고 했다. 그런 긍정성 때문에 후배는 선배에게 자주 전화했는지도 모른다. 만약 전화할 때마다 항암 치료가 힘들다, 무섭다, 두렵다는 말을 반복해 들었다면 안타깝고 슬퍼서 연락을 못 했을 것이다. 그런데 어느 날 '혹시 자주 연락해서 귀찮지는 않을까? 아프면 평상시보다 예민할 텐데' 하는 생각에 솔직하게 물었더니 선배는 이렇게 말했다.

"아플수록 건강한 사람들하고 이어져야 나도 건강해져. 건강한 사람 목소리 듣는 게 얼마나 좋은데. 동병상련도 필요하지만 건강한 사람은 신선한 공기를 불어 넣어주잖아. 환자일수록 환기가 중요해. 전화해주면 고맙지."

태도의 중요성에 대해선 익히 알지만 환자일 때는 미처 생각하지 못했던 우리에게 이 이야기는 많은 울림을 주었다. 아플 때는 무너지기 쉽다. 몸과 마음이 따로일 수 없으니 건강이 무너지면 태도도 무너질 수 있다. 몸이 아픈 건 이미 벌어진 상황이더라도 이때부터의 태도가 많은 것을 좌우할 것 같다. 심신의 건강은 물론 사람들과의 관계까지를 포함해서다. 이를 뒷받침하는 사례가 더 있다. 하나는 자식의 전화를 받는 나이 든 부모, 또 하나는 코로나에 걸린 사람들의 태도다.

우리 연구소에서 조사한 '자녀가 부모에게 전화 걸기 싫은 사례'가 있다. 매번 힘없는 목소리, 만사 귀찮다는 목소리, 아픈 목소리로 전화를 받는 부모님과 통화하는 것이 힘들다고 자녀들은 말한다. "전화를 걸면 맨날 죽겠다, 아프다, 그렇잖으면 하소연만 하시니 병원 가보시라는 말을 퉁명스레 하고 끊게 된다. 끊고 나서 후회하지만 아프다, 죽겠다는 하소연에 이

상황은 반복된다. 자주 전화 드려야 하는데 전화하기가 점점 힘들어진다."

　나이 들면 아프지 않은 곳이 없고 아프지 않은 날이 없는 게 사실이다. 아프면 만사 귀찮고 힘들다. 그런데 이 사실만 솔직하게 보이면 자녀도 힘들어진다. 사실과 솔직함 대신 반가움과 고마움을 먼저 표현하는 습관이 자녀와 멀어지지 않게 한다.

　어느 90대 노모는 자녀에게 전화가 오면 밝은 목소리로 받고 짧게 통화를 끝낸다. 노모는 자식에게 온 전화를 받을 때 밝은 목소리로 "엄마? 엄마는 잘 지내지. 그럼, 잘 먹지. 너희도 잘 지내지? 그럼 감사한 거지. 그만 끊자" 한다. 웬만큼 아픈 건 표시도 안 낸다. 그 나이에 안 아픈 사람 어딨고 아픈 게 정상인데, 굳이 좋은 말 놔두고 맨날 아프다고 하면 어느 자식이 연락하고 싶겠냐고.

　코로나 초기에 감염되어 죄인 취급, 죄책감에 시달린 분들은 예외지만 코로나에 걸린 사람들의 태도에서도 배우는 게 많다. "어차피 한 번은 걸릴 거라면 잘 됐어. 걸릴 거면 얼른 걸려 지나가는 게 낫지." "면역력 생긴다잖아." "코로나 왕따도

나는 관계에 진심을 담기로 했다

있다는데 이제 왕따 안 당해도 되네" 등이다. 코로나 덕분에 휴가를 얻었다며 코로나 휴가 중이라고 표현한 분도 있었다.

소중한 관계를 스스로 끊어내지 않도록 미리 준비해야겠다. 전화를 받을 땐 목소리 가다듬어 반갑게 받는 것이다. 건강할 때도 전화 받기 전에 목소리 가다듬어 받지만 아플수록 더 그럴 필요가 있다. '다 죽어가는 목소리'라는 말처럼 "나는 환자예요"라는 목소리를 반복해서 내면 상대방도 아픈 사람 힘들게 한다는 생각에 전화하기 어려워진다. 관계가 두절되고 밝은 세상과 점점 차단되는 것이다.

아픈 몸 돌보기에도 기력 달리는데 관계를 위해 에너지 소진할 것까지는 없다. 하지만 아파서 힘들 때 외부와의 단절감으로 외로운 이중고에 빠지지 않아야 한다. 링거 병만 바라보고 병실 안에만 시선을 고정하면 아픈 것만 확인하게 된다. 창밖으로 시선을 돌려 하늘도 보고 나무도 보며 건강한 세상을 확인하고, 아프지 않은 건강한 사람들, 고마운 내 사람들과 멀어지지 않게 하는 것이다. 앞의 선배 말처럼 아플 때 마음의 환기가 아주 중요하다.

관계가 이어지고 있다는 안정감을 주기엔 '사람 목소리'가 최고란다. 친밀한 사람들과 하루 한 통화가 어떤 약보다 낫다는 어느 의사 선생님의 권고처럼 사람들과 이어져야 한다. 아프기 전에, 지금부터 반가운 목소리, 밝은 표정으로 관계가 잘 이어지게 해야겠다. 만약 아프다면… 그땐 더욱 건강한 관계로 잘 이어지게 해야겠다. 사람이 약이다.

나는 관계에 진심을 담기로 했다

관계를 끊는
악마의 편집

남이 하는 말 편집은 내 소관이 아니다.
문제는 스스로 하는 악마의 편집이다.
그러면 내 곁에 남아날 사람 없다.

교수님이 돌아가셨다는 부고가 단톡방에 올라왔다. 제자들은 장례식장에서 만나기로 했다. 그런데 교수님이 아끼던 정아 씨가 안 보였다. 몇 시간이 지나도 오지 않자 화제는 정아 씨로 이어졌는데, 정아 씨와 친한 사람이 조심스럽게 말했다. "정아는 오늘 안 올 거예요."

　　모두 놀랐다. 누구보다 먼저 도착할 정아 씨라고 믿었는데 교수님의 장례에 불참한다면 놀랄 만한 일이었다. 알고 보니 십수 년 전부터 정아 씨는 교수님께 연락도 안 했다고 한다. 이유는, 말 한마디 때문이었다. 아버지같이 따르며 존경하던 교수님과의 절연이유가 '이혼했으니'라는 말 때문이었던 것이다.

　　그런데 그 당시 이야기의 전말을 아는 일행들은 의아했다. 교수님은 정아 씨의 이혼에 대해 왈가왈부하신 게 아니었다. 정아 씨를 이해하고 아껴주어 논문 마무리 잘하도록 도와주자는 취지로 조심스레 제안했던 것이다. 정아 씨 이혼은 쉬쉬하는 비밀이 아니었고 정아 씨도 자신이 이혼으로 힘드니 양해를 구한다고 공공연히 말하기도 했었다. 그런데 누군가 정아 씨에게 "교수님이 사람들한테 네 이혼 이야기하시더라"고 편집해서 전한 것이다. 좋은 취지는 다 잘라낸 악마의 말 편집이었다.

나는 관계에 진심을 담기로 했다

남 이야기는 하지 말아야 하지만 때에 따라 남의 말 하기도 하고, 전하기도 한다. 그럴 때 말 편집이 일어난다. 오간 말을 다 전할 수 없으니 핵심을 편집해서 전하는 것이다. 잘 전한다고 해도 자신에게 와닿은 말, 상대에 대한 호감도에 따라 왜곡되거나 변질되기도 한다. 요즘은 '악마의 캡처'도 있다. 의도적으로 오해하게 만드는 편집이다. 오고 간 문자 중 한 부분만 캡처해 3자에게 전해서 분노를 유발시킨 예도 있다.

영상이나 녹음, 말을 잘못 편집해 전하면 비극이 발생한다. '악마의 편집'은 정말 해서는 안 될 일이지만 타인에 대해 일어나는 악마의 편집은 어찌할 수 없는 부분이다. 그런데 스스로 악마의 편집을 하는 경우가 있다. 남의 말 편집을 전해 들을 때도 그 말 가운데서 또 편집해서 듣는 것이다. 이런 악마의 편집은 자신을 아프게 하고 괴롭히다 결국 관계를 끊는 것으로 간다. 정아 씨 경우도 그랬다. 소중한 인연을 끊어낸 게 본인 스스로 한 말 편집 때문이었다.

남이 하는 말 편집은 안타깝지만, 내 소관이 아니다. 문제는 스스로 악마의 편집을 하는 습관이다. 상대와 주고받은 좋은 말은 다 잘라버리고 상대의 실언 한마디만 남기는 편집을 해서 반복해 곱씹는 습관도 그 예다. 서운해하고, 억울해하고, 오해하고, 절망하는 경우엔 스스로 한 악마의 편집으로 인해 일어난 것일 수 있다.

그 한마디가 못내 거슬려서 불면의 밤을 보내고, 자신에게 무례했던 점만 편집해 절연을 결심하기도 한다. 그렇게 자신을 괴롭히다 주변 사람을 나쁜 사람으로 만드는 편집 습관은 사람을 떠나게 한다. 수많은 말을 주고받는 사이에서 거슬리는 말만 편집해서 관계를 끊어지게 한다면 말이 가진 파괴력에 자진해서 뛰어드는 것이다.

하고 많은 말 중에서 악마적인 요소의 말 한마디를 남기는 편집으로 관계를 끊는다면 내 곁에 남아날 사람 없다. 스스로 악마의 편집을 해서 괴로운 사람은 말 가운데 나쁜 말만 남기는 편집을 하느라 불면의 밤을 보낸다.

"그럴 줄 꿈에도 몰랐어."
"그 사람이 그렇게 말하다니 믿을 수가 없어."
"믿는 도끼에 발등 찍힌다더니 세상에 그럴 수가."

나는 관계에 진심을 담기로 했다

서운한 일, 실망한 일, 억울한 일만 떠올리며 스스로 악마의 편집을 하려는 순간, 멈추어야 한다. 상대가 한 많은 말 중에서 한마디가 걸린다면 거기에 걸려 넘어지는 건 자신이다. 넘어지면 나만 아프고 관계를 끊으면 나만 손해인 걸 알면서도 그런다면 더 문제다. 알면서 행하지 않으면 모르니만 못하다고 했다. 그뿐 아니다. 고치지 않으면 고질병이 된다. 고질병은 오랫동안 앓아서 고치기 어려운 병이고, 오래되어 바로잡기 어려운 나쁜 버릇이다. 바로잡기 어려운 고질적 습관이 되기 전에 당장 멈춰야 한다.

스스로 하는 말 편집 습관이 고질병 되기 전에 멈추는 방법은 하나다. 남의 말에 관대하면 된다. 말 한마디 힘은 '말하는 내게 적용'하면 유용하지만 남에게 적용하면 스스로 악마의 편집을 하게 한다. 남의 입단속은 못 하지만 내 마음은 내가 단속할 수 있다. 할 수 없는 것을 곱씹으며 괴로워하는 대신 할 수 있는 것을 노력하는 것이다. 내 말을 조심하고 남의 말에 관대하면 더이상 악마의 말 편집하느라 잠 못 들 이유 없다.

나는 관계에 진심을 담기로 했다

어떨 땐 잘 되고
어떨 땐 안 된다

어떨 땐 좋고, 어떨 땐 나쁘고.
어떨 땐 아무 노력 안 했는데도 좋고,
어떨 땐 정말 노력했는데 실망스럽다.

아침 일찍 마시는 모닝커피가 좋다. 향기도 더 그윽하게 느껴진다. 모닝과 커피의 조합이 어우러지는 느낌이라서일까. '모닝커피' 글자가 주는 맛은 향기로운 맛이다. 음식에 '궁합'이 있다면 글자는 '조합'으로 맛을 내는 것 같다.

아침 6시에 커피를 내리려고 필터를 얹는 순간부터 기분이 좋다. 인생에서 결코 없을 줄 알았던 미라클 모닝이 된 이야기는 뒤로 미루고, 오늘은 모닝커피에 대한 이야기다. 정확히는 모닝커피 브이로그 촬영 후기라고 해야겠다.

드리퍼에 필터를 얹고 커피를 세 스푼 넣을 무렵이면 팔팔 끓던 물이 조용해진다. 주전자를 들어 커피 가루 위에 살살 붓는다. 기다린 듯 흠뻑 물을 받아들인 커피 가루가 짙은 색을 띠며 향도 짙어진다. 잠시 후 원을 그리듯 물을 부어주면 마침내 컵으로 떨어지는 커피 물소리와 향이 방 안 가득 들어찬다. 다시 한번 물을 부어준다. 커피 가루가 살짝 부풀려졌다 사르르 가라앉는다. 커피 잔엔 커피가 얼마나 모였을까.

커피 잔과 드리퍼가 모두 자기라 컵 안이 보이지 않아서 몇 번은 터무니없이 부족한 양, 몇 번은 커피가 넘쳐 닦느라 바빴

나는 관계에 진심을 담기로 했다

다. 그러다 정말 제대로 양을 맞추게 되었다. 부족하지도 넘치지도 않게 컵에 가득 담긴 커피를 보며 눈대중과 손대중으로 기막히게 간을 맞추는 엄마의 음식 솜씨에 빗대기도 했다.

이런 나의 모닝커피 만들기 애정은 웬만한 사람이면 다 안다. 매일매일 반복되지만 질리지 않는 정말 좋은 시간이다. 그래서일까. 어느 날 직원이 모닝커피 내리는 일상 브이로그를 찍으면 어떻겠냐고 제안한다. 말랑말랑하고 소소한 일상을 보여주자는 의견이었다. 제목은 '6시에 내리는 모닝커피'다.

이튿날 아침에 촬영하기로 했다. 눈 감고도 할 수 있는 모닝커피 만들기 아닌가. 하지만 얼굴은 안 나오게 하면서 컵과 손과 허리 부분만 나오게 삼각대를 설치하고 구도 잡는 일도 만만치 않았다. 시간은 훌쩍 평소 커피 내리는 시간에서 지나 있었다. 과정을 말하며 촬영할까? 커피 내려지는 소리만 나오는 게 좋을까? '인생사 늘 선택과 결정이네' 하며 커피 내리는 소리만 나오게 촬영하기로 했다. 그러자니 주변이 더 고요해야 했다. 평소 잘 들리지 않던 컴퓨터 본체와 냉장고 돌아가는 소리가 그렇게 생생할 줄이야.

드디어 준비 완료. 그다음엔 평소처럼 하면 되니 일사천리다. 물 한 번 붓고 또 붓고, 세 번 붓고 드리퍼를 들어 올리면 되었다. 당연히 넘치지도 부족하지도 않을 만큼 컵 가득히 맛있는 커피가 있으리라. 그런데 드리퍼를 들어보니 컵 안의 커피가 턱없이 적다. 우아한 손동작으로 제대로 하려고 평소보다 노력했는데 예상대로 되지 않았다. 평소엔 무심코 했어도 잘 됐건만. 다시 해? 아니지. 그러면 6시에 내리는 모닝커피가 아니다 싶어 맥이 빠졌다. 그 순간, 이런 생각이 들었다. '안 될 때도 있는 거지. 그럼 그럼. 어떨 땐 내 뜻대로 되고 어떨 땐 내 맘대로 안 되는 거지.' 나는 커피 잔을 카메라 가까이 대며 예정에 없는 멘트를 했다.

　"여러분, 잘하려고 하니까 더 안 되네요. 이럴 때 있어요. 오늘은 그런 날 중 하나예요. 어떨 땐 되고 어떨 땐 안 돼요. 잘 될 때도 있고 안 될 때도 있어요. (컵 들어 올리며) 따끈한 물 부어 채우면 돼요."
　사실 이런 말을 덧붙이고 싶었다. "아이들 키우는 것도 그래요. 부모가 아무리 잘하려고 해도 아이가 안 따라와줄 때도 있어요." 등등의 말이었다. 하지만 안 하길 잘했다. 말랑거리는 소소한 일상 브이로그를 또다시 부모교육 영상으로 만들 뻔했다.

브이로그를 권한 직원이 이 영상을 보고 말했다.

"딱 떨어지게 안 된 게 훨씬 좋은데요. 딱 떨어지지 않으니까 말랑거리는 느낌 제대로 나요. 다음에 잘 되는 거 찍을 여지도 있고 인간적으로도 느껴져요."

맙소사. 세상사 웃긴다. 기막히게 잘 내려서 한 번에 마치는 게 목표였는데, 그래서 물 부을 때도 '양이 맞아야 하는데' 하며 더 조심스럽게 했는데, 잘 안 되니까 그게 더 인간적으로 느껴진단다. 나는 그날 커피 내리는 일상 브이로그를 한 번에 멋지게 끝내고 싶었을 것이다. 뜻대로 안 됐을 때는 그날 찍은 건 버리고 이튿날 다시 찍으려고도 했다. 그런데 내가 반복해서 노력한다고 이튿날엔 꼭 뜻대로 잘 될까.

될 수도 있고 안 될 수도 있다. 어떨 땐 잘 되고 어떨 땐 잘 안 된다. 어차피 내가 마시려던 건 에스프레소가 아니다. 세 스푼의 커피 가루에 세 번의 물을 부어 만든 머그잔 가득한 커피다. 머그에 내려진 커피 양이 모자라면 뜨거운 물을 부어 채우면 된다.

관계도 그렇다. 어떨 땐 좋고, 어떨 땐 나쁘고. 어떨 땐 아무 노력도 안 했는데 좋고, 어떨 땐 정말 노력했는데 실망스러울 때가 있다. 어떨 땐 잘 되고 어떨 땐 잘 안 된다. 내 탓이 아니다. 세상사 오묘함이다. 딱 떨어지지 않는 그 오묘함이 다음을 기대하게 하고, 다시 도전하게 하고, 의외의 기쁨도 느끼게한다. 뜻대로 잘 안 될 때는 깨닫는 바가 있어 성숙해지기도 한다. 뜻대로 안 된 브이로그가 오히려 잘 된 일이다.

나는 관계에 진심을 담기로 했다

관계,
어떻게 저장되어 있는가

전화번호 저장을 확인한다.
'님'자가 빠졌으면 추가한다.
귀한 분, 존중할 분이 넘칠수록 좋다.

'외모 품평한 대형 마트 문센 강사' '문화센터 선생님이 아이들 외모 품평' '출석부에 못생김, 엄마 통통 메모'

그날 오후 헤드라인으로 올라온 기사였다. 많이 본 랭킹 뉴스에도 앞 순위다. '아이들 외모 품평한 출석부' 사진이 보인다. 출석부의 아이들 이름 옆에 '눈 작음, 하얌, 못생김, 눈 큼, 눈은 이쁨, 얼굴 큼, 엄마 통통, 얼굴 작고 이쁨' 등이 쓰여 있다. 한 엄마가 이 출석부를 발견하면서 문제가 불거졌다고 한다. 강사는 해명했지만 센터 측은 해당 강사를 수업에서 배제하고 고객이 원하면 수업료를 환불할 것이라고 했다.

인기 기사답게 댓글이 많았다. '아이들을 기억하려고 특징을 적은 것이라 악의는 없어 보인다' '본인 개인 수첩에 적었으면 나았을 것' '다른 사람이 안 봤어야 하는데 본 것이 유감' '들킨 게 잘못' '악의는 없었지만 부주의했네' 등의 댓글이었다. 아이들의 얼굴을 기억하기 위해 그런 것이라는 강사의 해명은 진심이었을 것이다. 그러나 남이 안 봐야 하고, 남에게 들키지 말아야 할 행동을 한 것도 사실이다. 이 기사와 댓글을 보며 남준 씨의 일화가 떠올랐다.

나는 관계에 진심을 담기로 했다

저녁 식사만 하는 송년회였다. 식사 장소도 떠들썩하지 않은 식당이라 담소 나누기에도 알맞았다. 그렇게 좋은 분위기로 송년회를 마치고 연휴 지나 새해 첫 출근을 했는데 팀장님 분위기가 쎄하다는 느낌을 받은 남준 씨. 며칠 후 이유를 알게 됐다. 자신의 휴대폰에 '님'자가 빠져서 팀장님이 자신을 냉랭하게 대했던 것이다. 그는 어이없다며 속 좁은 팀장님을 탓했다.

이야기는 이랬다. 송년회에서 팀장님이 남준 씨가 안 보이자 전화를 했다. 전화기를 자리에 놓고 갔는지 팀장님 옆자리에서 남준 씨 전화가 울렸고, 그때 선명하게 보였던 글자는 '○○○ 팀장'이었다. ○○○ 팀장이 바로 그 팀장님이었다.
남준 씨는 말했다. "속이 엄청 좁지 않나요? 님자 하나 빠졌다고 삐치는 게 말이 되나요? 자기 전화기에 어떻게 하든 그건 전화 주인 맘이잖아요."

나는 팀장님 속이 좁다는 남준 씨 말에 동의할 수 없었다. 나도 유사한 경험을 했지만 그건 유쾌한 경험이 아니었다. 내 휴대폰을 찾느라 직원의 전화를 빌려 쓸 일이 있었는데 내 번호를 누르자 직원의 휴대폰에 '○○○ 대표'라고 떴던 것이다.

뭐라 콕 짚어 잘못된 점은 없으나 내 앞에서 보인 태도와 나를 저장한 것은 앞뒤가 달라 보였다. 평소에 나를 대한 대로라면 존경하는 대표님 정도는 아니더라도 '○○○ 대표님'쯤은 되어야 했다.

어떻게 저장한들 시비를 가릴 문제는 아니다. 남준 씨 말처럼 전화기 주인 맘이다. 하지만, '님'자 하나 붙이는 게 대단히 어려운 일이 아니라면 앞에서 부르는 호칭처럼 저장하면 좋지 않을까. 앞에서 하는 말만큼 뒤에서 하는 말도 중요하다. 때로는 뒤에서 하는 말에 더 진심이 담겼다고 우린 믿는다.

알고 보면 이런 비슷한 경험들이 많다. 대학 때 친구가 자신을 '○○학과 ○○○'라고 저장해놨는데 그걸 보니까 자신은 좀 더 특별한 관계라고 생각했는데 그 친구는 아니었다는 걸 확인해서 아쉬움이 크더라는 이야기, 자신을 '상암동'이라는 동네 이름으로 저장한 친구에게 묘한 느낌이 들었다는 이야기 등이다. '친구 ○○○' '사랑하는 내 친구 ○○' 정도를 기대한 친구라면 친구 사이를 의심하게도 한다.

나는 관계에 진심을 담기로 했다

전화기 주인 마음, 저장하는 사람 마음이지만 정작 당사자인 상대가 봤을 때를 고려하는 게 좀 더 안전하고 존중을 담은 방법이다. 전화번호를 저장할 때 내 전화니까 내 맘대로 저장할 자유보다 저장될 상대를 먼저 생각하는 거다. 그를 어떻게 저장하는가는 그를 대하는 나의 본마음일지 모른다.

'도저히 이해 못 할 사람'에서부터 '저 사람 왜 저래?' 하는 사람에 이르기까지 다양한 성격의 사람들과 섞여 사는 게 인생이다. 이렇게 다양한 사람들과 괜찮은 관계를 맺으려면 상식적인 게 안전하다. 이런 상식을 기초로 하면 된다. 누구나 존중받는 걸 좋아한다, 누구나 앞뒤가 다른 걸 싫어한다, 누구나 소중한 존재로 기억되고 싶다. 이 정도의 상식만 적용해도 괜찮겠다.

남준 씨 사례를 듣고 휴대폰의 전화번호 저장 상태를 확인했었다. '님'자가 빠진 경우가 있나 살폈다. 직함과 이름만 있으면 '님'자를 추가했다.

그동안 추가된 번호 중 혹시 '님'자가 빠진 분은 없는지, 나보다 나이가 아래라는 이유로 님, 또는 샘(선생님)을 빠뜨린 경우는 없는지도 살핀다. 나와 관계 맺는 사람이 나를 증명하는 법이다. 존중할 만한 사람들과 관계를 맺고 있는 나, 무시해도 좋은 사람들과 관계 맺는 나. 어떤 나이고 싶은지는 내가 저장하는 순간에 결정된다.

내 전화번호에 저장된 많은 '님'들이 곧 나다. 내가 살아오며 만난 사람이 내 삶의 여정을 보여준다. 내 주변 사람을 보면 내가 보인다. 내 전화에 귀한 분, 존중할 분들이 넘칠수록 좋다.

어떤 존칭인들 아끼겠는가.

나는 관계에 진심을 담기로 했다

다 자라고 갖출 때까지
지지하고 함께해주는 사이

든든한 버팀목이 되어주다 물러날 줄 아는 선배,
지갑부터 열고 공유할 것도 많은
어른다운 선배도 좋겠다.

나는 후배들과 함께하는 것이 좋다. 그들을 통해 새로운 세상을 보고 인생 선배로서 처신하는 것도 깨달으니 좋다. 열아홉 청춘 때 만나 이제 고희古稀를 훨씬 넘기신 은사님과의 교류도 더없이 좋다. 그분을 보며 치열하게 산 젊은 날의 소중함과 나이 들어서의 여유가 무엇인지를 느끼는 건 한없는 가르침이다.

후배들은 같은 세상을 살면서도 다른 세계가 있음을 보여주어 나를 편협한 프레임에 갇히지 않게 한다. 은사님은 세상만사 별거 없으니 연연치 말라는 담담함과 겸손함을 전해주신다. 위 세대와 아래 세대와의 교류는 넓이와 깊이, 스스로 못 봤던 자신을 보게 한다.

후배들을 보면 어여쁘다. 그들의 언어와 웃음이 향기롭다. 윤기 나는 머릿결과 손등에 비치는 고운 핏줄이 눈물겹게 아름다워 동시대를 사는 것만으로도 감사하다. 때로 약속을 안 지키는 청춘도 있고, 때로 변명하는 청춘을 보며 '왜?'라는 궁금증도 갖지만, 그가 보이는 미안함에 젊은 시절 실수투성이였던 나를 돌아보게도 된다. 젊은 친구들에게 얼핏얼핏 보이는 강인함이 들꽃 같다. 여리면서 의연한 그들이 가진 창의력과

나는 관계에 진심을 담기로 했다

상상력은 어느 세대에서도 볼 수 없는 경이다. 그들을 보며 어떤 선배가 되어야 할지 고민도 한다. 나를 성숙한 인간이 되고 싶게 하는 후배들이다.

인생 선배인 은사님의 언어와 웃음은 편안하고 넉넉하다. 그분은 점점 선배 세대가 되는 내가 처신할 바를 보여주신다. 은사님은 내가 젊었을 때는 지식을, 지금은 세상의 지혜를 전해주시며 안목을 높여주신다. 직접 가르치지 않아도 공유해주시는 모든 것이 그렇다. 작은 꽃 한 송이를 대하는 태도가 인간과 자연을 바라보는 태도가 된다는 것. 내가 가지고 있는 것에 대해 결코 허투루 대하지 말라는 것. 은사님이 보여주시는 모든 것은 젊은 날 강의실 칠판 가득 풀어놓는 『논어』의 가르침과 시^詩 같다.

이제 은사님은 칠판 대신 휴대폰으로 텃밭의 모습을 보내주시기도 하고 농장에 지은 삼 칸 농가의 꽃밭에 핀 채송화며 봉숭아꽃 소식을 보내시며 세상을 보여주고 일깨우신다. 그러던 어느 날이었다. 은사님이 보내주신 오이 열매 사진을 보고 나는 놀랐다.

오이 열매는 꽃을 달고 있었다. 내 상식으로는 꽃이 진 자리에 열매를 맺는 것이었다. 그런데 오이는 손가락만큼 자랐는데 꽃은 여전히 열매 끝에 꽃 핀 채로 달려 있지 않은가. 그동안 내게 '오이'는 명사로서의 오이였지 '오이 열매'가 아니었다. 그런데 오이와 꽃이 함께 존재하는 사진을 보며 오이 열매라는 말이 떠올랐다. 오이가 열매를 맺어 제법 모양을 갖출 때까지 꽃이 함께한다는 걸 깨닫는 건 '꽃'에 대한 존재를 다시 인식하는 것이었다. 다 자라고 갖출 때까지 끝에서 지지해주고 함께해주는 사이라는 인식이었다. 오이 열매 끝에 꽃으로 생생하게 존재하는 오이꽃이 마치 부모와 자녀 같았고, 스승과 제자 같았으며, 선배와 후배 같았다.

나태주 시인은 '자세히 보아야 예쁘다'고 했던가. 자세히, 오래 들여다보면 예쁠 뿐 아니라 대상에 대해 '제대로' 아는 것일까. 오이로 자랄 때까지 소임을 다하는 오이꽃을 보며 내 은사님처럼 나도 후배들에게 소임을 다하고 싶다는 생각을 했다.

동시대를 함께하는 선후배. 이 인연이 보통 인연은 아닐 터다. 선녀의 옷자락이 바위에 스쳐 그 바위가 닳아지는 정도가 되어야 인연이 된단다. 스치듯 만났든, 오래도록 관계를 유지

나는 관계에 진심을 담기로 했다

하든 우린 그저 스치는 인연이 아니라 예전부터 서로에게 다가온 건지도 모른다. 보고 배울 것 있고, 지혜를 구하고 싶은 선배가 되는 것. 내가 좋아하는 시구 '사람이 온다는 건 실은 어마어마한 일이다'처럼 가르치는 선배가 아니라 삶으로 롤모델을 보여주는 선배가 되어 그들에게 다가가는 건 실로 어마어마한 일이다.

삶과 학식, 주경야독의 성실한 삶을 보여주며 나이 든 제자를 다독이고 일깨우는 은사님이 보여주시려고 한 건 오이 열매가 아니라 열매가 실하게 될 때까지는 '제 소임을 다하고 아름답게 떨어지는 꽃'에 대한 것일지도 모른다. 자식이 성장할 때까지 보듬고 가꿔주는 부모처럼. 후배들에게 든든한 버팀목이 되어주다 물러날 줄 아는 선배처럼. 인생 선배는 그런 존재여야 한다는 생각이 들었다. 지갑부터 열고 성큼성큼 앞장서 맛있는 것을 사주는 선배도 좋겠다. 나누고, 공유할 것이 많은 어른다운 선배도 좋다.

은사님이 보내주신 꽃 달린 오이 사진 하나를 보며 별의별 생각으로 확장시키다가 '오이꽃 달린 오이 열매' 사진을 카톡의 대문 사진으로 바꾼다. 종종 보면서 은사님처럼 근사한 선배가 되는 방법을 차곡차곡 생각해놔야겠다. 장차 후배가 될 일보다 선배가 될 일만 남은 내게 온유와 넉넉한 마음 씀의 본보기를 삶으로 보여주신 것 같아 뭉클하고 감사하다.

나는 관계에 진심을 담기로 했다

5장

사람 사이에는 관계가 있다

오지랖이
치명적인 이유

관심에서 시작되었어도
누군가에게는 무례로 느껴질 수 있다.
내 오지랖 단속부터 잘하면 실수하지 않는다

정현 씨는 들어오자마자 달력을 보더니 말한다.

"어휴, 해가 바뀐 지 몇 달 됐는데 달력이 작년 거네요."

달력이 가까이 있으면 치워버릴 태세다. 아무튼 정현 씨의 오지랖이란. 사무실 주인의 허락도 안 받고 화분의 나뭇잎을 떼 내며 한마디 덧붙이는 것도 잊지 않는다. "어머, 나뭇잎이 다 시들었어요. 물을 제때 안 줬나 보네."

정현 씨가 어느 집을 방문해서다. 거실에 선풍기가 놓인 걸 보더니 대뜸 "이 집은 여름 지난 지 한참인데 여름이 그대로네요. 보기만 해도 춥네" 한다. 집주인은 겨울에 환기가 더 필요해서 환기할 때 선풍기를 요긴하게 쓴다. 어느 날 정현 씨는 친구가 준 김치통에 라벨이 붙어 있어서 놀랐다고 한다. 라벨 같은 것을 왜 붙여두는지 이해가 안 된다며 자기는 돌려줄 때 라벨을 깨끗이 떼고 준다고. 그러면서 그는 정작 구입한 지 한참된 본인 차의 비닐을 몇 군데는 벗기지 않았다. 스크래치 날까봐 그냥 둔단다.

정현 씨에게 그럴 만한 이유가 있듯 남에게도 이유가 있다. 말 못 할 사연도 있고. 이유를 알아도 내 상식으로 납득 안 되

사람 사이에는 관계가 있다

는 이유도 있다. 하지만 분명한 게 있다. 각각의 영역이라는 점이다. 좋은 의미로 다가가 바로잡아주려고 했어도 영역 침범이 될 수 있다. 거기에 지적의 말을 보탠다면 그건 독성 품은 오지랖이 된다.

다영 씨 친구는 다영 씨를 웬만하면 집에 초대하지 않는다. 대청소를 방불케 할 정도로 준비하고 초대해도 몇 가지는 다영 씨 오지랖을 비껴가지 못하기 때문이다. 그러다 이사를 해서 집들이 겸 초대를 했는데 역시였다. "이 액자는 여기보다 저기 거는 게 낫지 않아?" "요즘은 세트 그릇 안 써." "벽지 새로 했어? 종이 벽지가 환경호르몬도 안 나오고 더 좋다는데 실크 벽지네." 다영 씨의 이런 말에 친구가 무심하면 좋으련만 친구는 그런 관심이 스트레스가 되어 후유증으로 남는다. 어떻게 저렇게 다른 성격의 두 사람이 친구인가 싶지만 둘은 친하다. 친구는 다영 씨가 싫지 않다. 오지랖 넓은 사람답게 성격 좋고 인정 있기 때문이다.

'약과 독은 한 끗 차이'라는 건강정보를 읽은 적 있다. 약 성분이 독성분이 될 수 있다는 것이다. 약과 독이 한 끗 차가 되는 건 오용하고 남용할 경우다. 친절과 다정함, 오지랖도 한 끗 차이일 수 있다. 친절과 관심도 적정선을 지키지 않으면 간섭과 지적의 오지랖이 되는 것이다. 그런데 약은 적정 복용량이 있지만 친절과 관심의 적정량은 얼마큼인지 몰라서 문제다.

정현 씨나 다영 씨처럼 딴에는 인정 있는 말과 관심이지만 상대에겐 간섭의 오지랖이 되어 불편하게 하는 것이 그 예다. 때 지난 데스크 달력 한 장 정도 넘기는 게 무슨 간섭인가 싶지만 사람에 따라서 자신의 물건을 만지면 아주 불쾌한 사람도 있다. 그런 사람에게 상대의 오지랖 넓은 행동은 이해 불가의 무례한 행동이 된다. 불쾌하게 하려는 의도는 없더라도 간섭의 오지랖은 상대를 불편하게 하며 관계에 독이 되는 것이다. 그렇다고 무미건조하고 딱딱한 관계를 맺자는 건 아니다. 친절이 '웬 오지랖?'으로 폄하되지 않게, 친절이 간섭이라는 독이 되지 않게 적정 가이드라인을 만들 필요가 있다.

가이드라인 첫 번째는 '그럴 만한 이유가 있다'다. 알고 보면 다 이유가 있고 나름의 사연이 있다. 예를 들면 작년 달력을 그대로 둔 사무실 주인은 달력의 숫자를 보는 게 목적이 아니고 달력의 그림이 좋아서 그대로 둔 거다. 그림을 잘라 액자에

사람 사이에는 관계가 있다

넣어 세워두느니 데스크용 달력으로 그냥 둔 것이다. 그런 이유도 모른 채 지난해 달력을 치우지 않았다고 하면 게으른 사람 취급하는 말로 전해질 수 있다. 바쁜 인생사에 남의 속사정을 다 알 수 없고 상대의 성격을 다 헤아릴 수도 없다. 그래서 다음 가이드라인이 필요하다.

두 번째 가이드라인은 '내 영역이 아니다'다. 이해가 안 되고 좀 이상하더라도 그의 영역이라는 걸 인정해야 침범하지 않는다. 누구에게나 고유한 영역이 있다. 설령 이유가 이해 안 되어도 그건 그의 영역이다. 시들어가는 나뭇잎을 그냥 둔 게 주인의 게으름이든 아니든 그건 그의 영역인 것이다. 시든 나뭇잎을 제거하며 물을 안 줬냐고 하는 말은 호의도, 관심도 아니다. "웬 간섭? 웬 오지랖? 너나 잘하세요"라는 반감을 불러일으키기도 한다. 상대를 불편하게 하는 건 호의가 아니다.

혹시 사람 살면서 그런 인정은 있어야 한다고 믿어 의심치 않는다면, 그래서 오지라퍼 습관을 고치고 싶은 마음이 없다면 방법이 있다. 지금 내 옷의 앞자락부터 잘 챙기는 것이다. 남에게 감 놔라 대추 놔라 가르치는 위치에 있으려면 자신의 일을 제대로 해내고 여러 면에서 잘 갖추어야 한다. 이렇게 자신의 오지랖 단속을 잘하면 내 옷자락으로 남 건드리는 실수도 하지 않는다. 사실 이 경지에 도달하려면 남의 일에 간섭할 시간이 없긴 하다.

내 선량한 오지랖이 관계에 독이 되지 않도록 불쑥 뛰어들지 말고 훈수 두지 말고 나나 잘하자는 결심을 한다. 정현 씨와 다영 씨의 몇 가지 사례를 말하다 보니 나 또한 예외가 아니다. '저 사람은 왜 저렇게 말하지?' '저 사람은 왜 문자에 바로 답을 안 하지?' '저 사람은 왜?' 이렇게 남의 영역을 내 영역으로 가져오는 것 또한 오지랖이니까. 그가 약속을 안 지키든 매너 없든, 그걸 이해하느니 못 하느니 하는 것도 오지랖이니까.

'근소한 차이'라는 '한 끗 차이'를 조심하는 건 안전한 거리 두기와 일치하는 것도 다시 확인한다. 상대가 원하기 전에 앞서지 않는다는 원칙만 지켜도 오지라퍼는 면할 수 있다. 좋은 마음, 관심에서 시작된 것이지만 누군가는 그 관심이 무례로 느껴져 아주 불편할 수 있다. 오지랖이 관계에 치명적인 이유다.

사람 사이에는 관계가 있다

이혼각 부부의
대화 방식

아무렇지도 않게 들으면 될 말을
아프게 듣는 경우가 있다.
어떤 말이든 듣는 내 마음에 달렸다.

"그냥 좀 대충 넘어가면 안 되나?"

이 말 때문에 이혼할 뻔한 부부가 있다. '겨우 이런 말 때문에?'라는 생각도 들지만 말에 대한 민감성이 사람마다 많이 다르긴 하다. 누군가에겐 '아무렇지도 않은 말'이 누군가에겐 '뼛속 깊이 아픈 말'이 될 수도 있는 것이다. 부부 일은 부부밖에 모른다는 말처럼 그동안 이런 유의 말들이 누적되었다가 폭발했을 수도 있다.

남편 현우 씨는 성품 좋고 점잖은 데다 남에게 절대 아쉬운 말을 안 한다. 결혼해서 지금까지 시어머니에게 많이 들은 말이 "남편 잘 만났지. 저렇게 사람 좋은 사람이 어딨니"였다. 결론적으로 남편은 호인이다. 하지만 유진 씨는 모든 사람에게 좋은 사람인 남편에게 불만이다.

"저런 남편 두셔서 정말 좋겠어요."

이 말은 유진 씨가 듣기 싫어하는 말이다. 함께 살아도 그런 말 나올까? 싶지만 어쨌든 남편이 사람 좋으니 유진 씨와 가족들도 그 기준에 맞춰야 한다. 남편의 기준이란 '웬만하면 그냥 좀 대충'이다. 웬만하면 참고, 양보하자는 것. 유진 씨는 남편의 기준에 불만이 많다. 실속 없는 양보와 배려가 싫은 것이다.

사람 사이에는 관계가 있다

그러다 그날 폭발했다. 도화선이 바로 그냥 좀 대충이었다. 남편 친구가 운영하는 유명 한식당에서 식사하던 중이었다. 특별 대우를 바란 건 아니지만 용건이 있어 벨을 눌렀는데도 사람이 바로 오지 않자 유진 씨는 "여기요" 했다. 그때 남편이 한 말이 "그냥 좀 대충"이었다.

"뭘 대충이야? 유명 식당 서비스가 뭐 이러냐?"

"유명하니까 사람들이 많이 오는 거지."

"그럼 종업원을 늘리든지. 손님을 덜 받아야지."

더 말하고 싶었지만 자녀들 눈치 보며 "그래, 알았어" 하고 참고 있는데 "이젠 당신과 외식 안 해야겠다"는 남편의 말에 화르르 불이 타올랐다.

"누가 할 소릴. 꽃가마로 모신대도 나도 안 해."

"그냥 좀 대충 넘어가도 되잖아?"

"당신이야말로 식구한테나 대충 좀 넘어가. 호인 아내 노릇이 얼마나 힘든 줄 알아?"

남편은 마지막까지 유진 씨 심사를 거슬렀다. 친구가 극구 계산을 말렸는데도 1원 한 장 안 남기고 깨끗이 계산했던 것.

"친구가 그렇게 말렸으면 모른 척하고 대접 좀 받으면 안 돼? 그럴 때나 대충 좀 하지."

"이 사람아, 친구들 대접하면 외식 사업하겠어? 친구가 한 둘이겠냐고?"

"저렇게 남들한테 배려심이 바다와 같으니! 암튼 너희 아빠 가족 빼고 모두에게 좋기만 하니 이 엄마가…."

급기야 자녀들까지 부부격전장에 끌어들이고 말았다.

자녀들에게도 미안하고, 못난 사람이 된 것 같아 속상한 채 침대에 누우니 지난 세월이 주마등처럼 지나며 잠이 오질 않는다. 거실로 나온 유진 씨는 밤늦도록 생각했다. 사실 비슷한 일이야 수백 번 있었지만, 그날은 못내 거슬렸다. 부부가 나이 들수록 서로를 존중해야 하건만 타박과 구박을 받은 느낌이었다. 이튿날 남편에게 말했더니 남편의 말이 점입가경이었다.

"사람이 왜 말을 그렇게 고깝게 들어? 그런 뜻 아닌 거 알면서. 그렇게 자존감이 낮아서야."

"자존감이 낮아서? 어디다 자존감 들이대니?"

적반하장도 유분수지. 상대방 자존감 깎아내리곤 자존감 낮다고? "식당이 붐벼서 그런 건데. 당신이 기분 나빴다니 미안해." 이런 말을 기대했던 자신이 한심하게 느껴졌다.

딸의 퇴근 시간에 맞춰 회사 근처로 갔다. 그런데 평소에 말 통하던 딸이 그날은 아빠 편을 든다. "엄마가 예민하게 듣는 면이 있긴 해. 그날 우린 아무렇지도 않았는데 엄만 아빠 말꼬투리 잡더라. 우리 아빠 정도면 훌륭하지" 하면서 친구들 아빠 이야기를 한다. 집안의 왕따 아빠들, 이기적인 아빠들, 아직도 자녀에게 '남자 놈이, 기집애가' 하는 아빠들.

"그건 극단적인 예잖아" 하자 딸이 말한다. "거봐. 엄마는 그런 걸 상상도 못 하니까 극단적인 예라고 하잖아. 어떤 때 보면 엄마는 아직도 소녀야."

딸의 이야기를 들으며 자신이 남편에게 듣고 싶은 말이 수준 이상은 아닌지, 남편의 말에는 예민하면서 자신은 조심해서 말했는지 생각하자 복잡해졌다. 몇 가지만 떠올려도 딸 이야기가 틀린 말은 아니었다.

1. 남편은 아내 말을 스펀지처럼 흡수해줬는데 자신은 스쿼시 볼처럼 반응했던 것 같다.
2. 평생 남편의 말에 상처 받았다고 생각했으나 남편이 받는 상처는 한 번도 생각하지 않았다.

3. 남편의 문제가 아니라 스스로 고깝게 듣는 것은 아닌가.
  남편은 아내의 말에 한 번도 딴지를 걸지 않았다.

이렇게 정리하자 그동안의 응어리가 조금씩 풀리는 느낌이었다. 남편은 요즘 "그냥 좀 대충"이란 말을 아끼는 모양새다. 유진 씨도 자존감 챙기고 들으려 노력하니 상처 받을 일이 확실히 줄었다. 깨달은 게 또 있다. 곱게, 순하게, 향기롭게 듣는 것에 대해서다. 아무렇지도 않게 들으면 될 말을 아프게 들었던 경우가 많았다. 남편의 말투가 이혼각이 아니라 자신이 그냥 대충 넘어가지 못했던 때가 많았던 것이다.

밉게 보면 잡초 아닌 풀이 없고, 곱게 보면 꽃이 아닌 사람 없다더니 말도 마찬가지다. 곱게 들으면 꽃 같은 말이고 밉게 들으면 이혼을 부르는 말이다. 어떤 말이든 1차적으로는 그가 아니라 듣는 내 마음에 달려 있는 것이다.

사람 사이에는 관계가 있다

친절은
나의 종교

친절하면 호구 잡힌다던 어느 고등학생에게.
친절하면 비굴해 보이는 것 같다는 착한 누군가에게.
친절하면 이용당한다는 우리의 무의식에.

신록의 계절, 장미의 계절 5월이다. 풋풋하고 향긋하게 황홀한 5월이 좋다. 그런데 5월을 마냥 즐길 수 없는 건 종합소득세 신고라는 번거로운 일이 있기 때문이다. 글 쓰고 강연하며 발생한 소득을 확인하고 비용 자료를 모아 보내는 일이 내겐 벅차다. 해마다 하는 일인데 매번 갈팡질팡 비효율적인 내가 못마땅하기도 하다.

이번에는 이틀 만에, 효율적으로 서류를 준비하리라 작정했다. 월요일의 계획은 각 신용 카드사에 전화해서 사용내역서를 받는 것이었다. 그 정도야 오전에 짬짬이 해도 금방 끝낼 거라던 나의 생각은 수포로 돌아갔다. 전화 연결이 쉽지 않았다. 다행히 이튿날까지 한 군데 제외하곤 성공했지만 한 카드사는 이튿날도 20, 30분 동안 반복 멘트가 나오곤 전화가 끊겼다. 또 걸었다. 뚝 끊긴다.

IT 강국, 서비스 강국 대한민국에서 전화 연결 중간에 그냥 끊기다니 믿어지지 않았다. 누군가 나를 위로했다. 항공권 예매하면서 자기도 그런 경험을 했단다. 나와 비슷한 경험을 누군가가 했다니 묘한 안도감이 들었지만 다음 날도 전화 연결

사람 사이에는 관계가 있다

이 되지 않자 나는 전화로 내역서를 신청하는 게 편한 나의 일 처리 방식에 회의감이 들기 시작했다.

월요일부터 시도한 전화는 목요일이 되어서야 연결되었다. 며칠간 비슷한 멘트를 지치게 듣고 뚝 끊기는 전화를 몇십 번 경험한 나는 예민해 있었다. 전화가 연결된 순간, 내 목소리에 날이 서 있음을 느꼈다. 하지만 감정노동자라는 말을 떠올리며, 응대자의 권익을 보호해야 한다는 전화 멘트를 참고 삼아 최대한 진정하며 말했다. 그래도 내 불편한 마음이 목소리에 묻어났다. 그런데 그건 정말이지 아주 잠시였다.

응대하는 사람의 목소리와 응대 태도(목소리에 태도도 보인다)에 감정이 부드러워지기 시작했다. 어쩜 그렇게 차분하고 진심 어리게 나의 불편을 마치 자신이 겪은 것처럼 이해하고 응대를 잘하던지 되레 감동이었다. 냉탕에서 갑자기 온탕으로 내 감정이 옮겨간 이유를 나는 안다. 그건 쉽지 않은 일임을 너무도 잘 알기 때문이다.

'봄 눈 녹듯'이라는 말이 있다. 정말 그랬다. 며칠 동안 나를 약오르게 했던 감정이 봄에 눈 녹듯이 사라졌다. 절대 그 카드사 카드는 안 쓴다고 결심했다. 그런데 직원의 친절한 응대에 나의 화, 날카로움은 가라앉고 무뎌졌다. 그는 말로만 공감한 게 아니었다. 친절에 정성을 담아 일을 처리했다.

내게 친절에 대해 묻는다면 이렇게 말하고 싶다. 분노를 가라앉히는 힘을 가진 것. 나쁜 마음을 좋은 마음으로 돌려놓는 힘을 가진 것. 차가운 마음도 따뜻하게 바꾸어 마지막에는 '감사합니다'라고 말하게 하는 것. 모든 상황을 바꿀 만큼 파워풀한 힘을 가진 것.

사전에서 '친절'을 찾아본다. '남을 대하는 태도가 성의가 있으며 정답고….' 그렇구나. 친절은 성의가 있고 정다운 것이구나. 친절에 관한 관용구도 많다. 하지만 '친절은 미덕'이라는 소박한 공식이 맘에 든다. 그래도 어쩌다 친절은 평가절하 취급도 받는다. '물에 빠진 사람 구해줬더니 보따리부터 내놔라'는 경험을 해서인가. 친절이 불이익을 가져다줄 거라는 걱정이 앞서서인가. 혹시 사전에 나온 친절의 정의 중 '… 고분고분함' 때문인가. 고분고분함이 살짝 걸리긴 한다. 자칫 비굴해 보이는 모양새를 표현한 의태어 같다.

사람 사이에는 관계가 있다

사전에서 고분고분함을 찾아본다. '공손하고 부드러운 모양'이란다. 다행이다. 서로에게 정답고 공손하고 부드럽다면, 서로 부대끼며 사는 한 세상 상처 주지 않으며 살 수 있겠다.

"친절하면 호구 잡혀. 개한테 절대 잘해주지 마"라고 한 어느 고등학생에게, "친절하면 비굴해지는 것 같고, 친절을 이용해 상대방이 이익을 취할 것도 같다"는 착한 누군가에게, '친절하면 이용당한다'는 우리의 무의식에, 그렇지 않다고 말해줄 경험이 더 많아졌으면 좋겠다. 지나치면 독이라지만 '친절은 지나쳐도 좋다'는 말은 사실이다. 친절은 화(위기)도 복(기회)으로 돌려놓는 전화위복의 위력을 가졌다고 확신한다. 이 믿음에 힘을 주는 한마디를 보탠다. 달라이 라마의 말씀이다.

"친절은 나의 종교다."

◆ 187 ◆

사람 사이에는 관계가 있다

알아주고, 알려주고,
잘 불러주고

자신을 어떻게 불러주면 좋은지 알려주기.
어떻게 불러주면 좋은지 상대방에게 물어보기.
한 템포만 늦춰 말하기.

"차장님, 차장님."

미팅 내내 나는 열심히 호칭을 불렀다. 호칭을 부르는 건 사회생활에서 중요하다는 걸 제대로 실천하고 있었던 셈이다. 용무를 마치고 헤어지는 시간이 되었다. 일어서는데 차장님이 내게 명함을 건넸다. 순간, 직함의 변동을 지각했다. 아니나 다를까 명함을 보니 '부장'이다. 그는 차장님이 아니라 부장님이었다. 몇 주 전에 승진했다고 한다.

"진작 말씀하시죠."

민망함을 덮으려는 듯 얼결에 나온 말이었다. 이 말을 하면서도 '이건 아니다' 싶었다. 그가 진즉에 뭘 말씀하셨어야 하는 건가. 명함을 보고 부장님이 된 것을 확인한 순간 "어머, 축하드려요" 했으면 되었을 것을. 그리고 새로운 직함을 부르며 "축하드려요, 부장님" 하면 좋았을 것을.

'순간 나오는 말이 그 사람'이라는 말을 자주 하면서도 나 또한 순간적으로 나의 허물을 덮고 남 핑계를 대는 말이 먼저 나올 때가 있다. 언제쯤이면 순간 나오는 말이 지혜로울까. 순간이 모여 인생이 되고 순간을 어떻게 대하느냐가 인생의 품격을 좌우한다는 걸 알면서도 실천은 쉽지 않다. 호칭을 잘 부

사람 사이에는 관계가 있다

르는 것이 관계 맺음의 첫 고리라면 순간에 나오는 말을 잘하는 것은 관계를 잘 엮어나가는 비법이건만 조금만 방심하면 예정된 듯 실수한다. 그래서 의식적으로 많이 노력한다. 덜 실수하는 것을 목표로 하면서.

얼마 전에 엘리베이터에서 이웃분을 만났다. 나에게 반갑게 명함을 건넨다. 명함이 심플하다. 이름 석 자만 있다. "개명했어요. 요즘은 개명 절차가 아주 쉽던데요" 하며 해사하게 웃는다. 명함을 받는 순간, 취직하셨냐는 말을 할 뻔했는데 안 하길 잘했다. 명함은 꼭 취직한 사람만 갖는 건 아니다. 우린 모두 저마다 이름과 직함이 있으니까.

그는 개명한 이름을 알려주기 위해 명함을 만들었단다. 개명한 이름을 두 번, 세 번 또박또박 말해주어야 하더란다. "민지아, 인데 민지하로 듣거나 그러더라구요." 그는 개명하기 전 몇 달 동안 개명 후보 이름 중에 계속 불러봤단다. 따뜻하고 부드럽게 느껴지는 이름으로 바꾸기 위해서였다. 개명하니 새로 태어난 느낌이고 그 이름대로 살 것 같단다. 나는 이후로 그를 만나면 개명한 이름인 지아 씨, 지아 님 하고 부른다. 예전에는 인사만 했지만 지금은 꼭 이름을 부르고 나서 인사를 한다. 예전의 이름이 떠오르면 우선 인사부터 하고 개명한 이름을 순간 떠올려 부른다. 그는 나와 만나는 걸 좋아하는 것 같다. 순간 의식해서 이름만 잘 불렀을 뿐인데.

세 살 아들이 엄마에게 "야"라고 하자 엄마는 아이를 꾸중했다. 더 놀고 싶은 어린 아들은 집에 가자는 엄마가 미워서 "야!" 했던 것이다. 엄마는 아들에게 "엄마한테 야가 뭐야!" 하며 크게 혼냈다. 어린 아들이 엄마한테 "야" 했다가 단단히 혼난 것이다. 호칭을 잘못 부르면 호되게 훈계들을 만큼 그렇게 중요하다. 그런데 엄마들도 아이를 제대로 부르지 않을 때가 있다. 엄마 기분에 따라 아이를 부르는 '위험한 부르기'도 있다. 이름도 부르기 싫다는 듯 소리지르며 "야!" "너!"라고 부르는 경우다. 아무리 어린아이에게도 야, 너, 라고 부르는 것도 절대 삼가다. 아이가 '이름값' 하길 바란다면 야, 너가 아니라 제대로 불러주어야 한다.

부르는 순간, 존재가 된다. 소중하게 부르면 소중한 존재, 함부로 막 부르면 그렇고 그런 존재가 된다. 제대로 불러주는 호칭은 존재를 존재답게 만드는 힘을 가진다. 잘 불러주어야겠다.

사람 사이에는 관계가 있다

내가 그를 잘 부르고 그가 나를 잘 부르는 건 더불어 잘 지내자는 의미다. 그러고 보면 내가 나의 이름을 좋아한다는 건 나와 관계를 잘 맺는 기본인 것도 같다. 자신을 어떻게 불러주면 좋은지 상대에게 알려주는 것도 좋은 관계를 맺는 비법이다. 개명한 이웃처럼 명함을 만들어 확실하게 알려주는 것이다. 어떻게 불러주면 좋은지 상대에게 물어보는 것도 관계에서 중요하다. 강사 소개할 때 박사님, 소장님, 대표님, 교수님 중에서 어떤 호칭이 좋으시냐고 묻는 기관장님을 뵌 적이 있다. 나를 소개할 때 내가 원하는 호칭을 불러주고 싶은 마음이 따뜻하게 느껴졌다.

차장님, 아니 부장님 덕분에 배웠다. 순간 나오는 말과 호칭에 대해서다. 순간이 모여 인생이 된다면 그 순간들이 모여 많은 걸 결정한다. 순간 나오는 말, 순간 부르는 호칭이야말로 관계에도 결정적 역할을 하는 것이다. 밑줄 긋고 외워두면 잊지 않고 응용할 수 있겠다.

알아주고, 알려주고, 제대로 불러주기. 순간 나오는 말, 한 템포 생각하고 한 템포 늦춰 말하기.

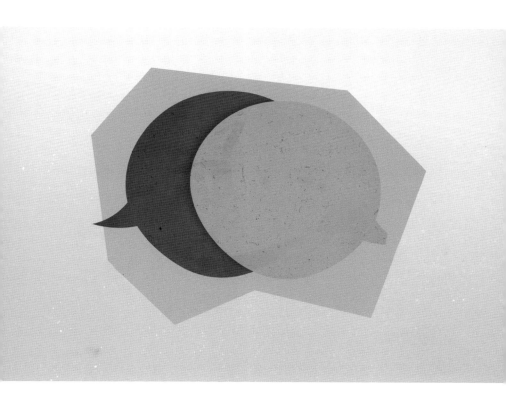

사람 사이에는 관계가 있다

관계의 고수는
인사부터 다르다

관계의 고수는 360도 시야를
총동원해서 인사한다.
그림자만 보여도 달려가 인사한다.

"선생님은 뒤에도 눈이 있다."

이런 말을 하시고 판서를 하던 선생님이 계셨다. 딴짓 말고 판서 내용을 잘 적으라는 엄포였다. 어린 마음에 반신반의했지만 믿을 수밖에 없던 건 판서를 하다가도 뒤를 돌아보며 딴짓하던 친구들을 곧잘 찾아내셨기 때문이다. 크면서 알게 되었다. 우리 뒤에도 눈이 있다는 것, '느낌'은 '보는 것 이상'을 보게 한다는 것.

우리 시야는 180도 정도다. 앞만 보고 걸어도 양 측면을 다 보는 것이다. 어떤 새들은 360도에 가까운 시야를 가지고 있다지만 인간도 감感을 포함한다면 360도 보는 게 가능하다. 가끔 이렇게 잘 보이는 게 문제가 될 때도 있다.

출근하며 엘리베이터 쪽으로 가는데 언뜻 사수가 보였다. 인사를 해? 망설이는데 그도 못 본 것 같아 그냥 엘리베이터를 탔다. 잠시 후 사수가 사무실로 들어왔다. 인사를 하자 "○○ 님, 조금 아까 나 안 봤나?" 한다. "아까는 모른 척하더니 말이야. 우리 사무실에서만 인사하는 사이?" 농담 반 진담 반 한 말이지만 말에 뼈가 있다. '그럼 당신이 나한테 먼저 인사하면 안 되나?' 하며 살짝 꼬인다. 그냥 웃어넘기자니 인정하는 것 같

사람 사이에는 관계가 있다

고, 못 봤다고 할까 하는데 그의 말이 이어진다.

"아는 척 좀 하자고. 엘리베이터도 같이 타면 좋았잖아."

이렇게 끝까지 물고 늘어지는 상사라면 대책 없다. 쿨한 상사라면 그가 먼저 "아, ○○ 씨. 같이 갑시다" 했을 거고, 서로 인사하며 그야말로 굿모닝, 산뜻한 아침을 시작했을 텐데 말이다. 못 본 척하고 인사 안 한 이유로 찜찜한 아침을 시작했다.

사회성의 시작점이라고 해도 과언이 아닌 인사성. 그래서 일까. 아이 키우는 엄마들이 많이 상담하는 게 "아이가 인사를 못 해요." "내성적이라 인사할 때 목소리가 작아요." "인사하라고 하면 창피하다고 해요"다.

부모는 아이에게 인사 습관을 잘 들여주고 싶다. 삶에서 중요한 기본예절이기에 어릴 때부터 강조해서 가르친다. 그렇게 잘 배워 어른이 되었건만 인사는 여전히 예기치 않게 인간관계의 발목을 잡을 때가 있다. "○○ 님, 어제 퇴근하다가 인사하려는데 씽 가던데? 바쁜 일 있었나 봐." 이런 대책 없는 말을 하는 사람도 있다. 인사하려고 했다는 말은 무엇이며 씽 갔다고 표현하는 건 또 뭐란 말인지. 자기가 먼저 인사하면 안 되는 것인가. 인사에 시비를 거는 사람이라면 인사하기보다 인사받기에 익숙한 사람일 수도 있다. 받을 인사 못 받으니까 시비를 거는 거다.

이래저래 인사는 중요하다. 저마다 개성 있는 사람과의 만남에서 능동적인 인사를 하면 만사가 편하다. 인사야말로 관계의 핵심이므로 그림자만 보여도 인사하는 습관을 가졌다면 관계의 고수라 할 만하다. 나도 내 그림자만 보여도 뛰듯 달려와 인사하는 사람이 좋다. 당신은 어떤가. 우린 달려가 인사하는 사람인가.

'인사, 하려면 확실히 하자. 인사, 제대로 받자.'
내 수첩에 적어놓은 문구다. 사연이 있다. 나는 어렸을 때 아버지로부터 '인사' 이야기를 자주 들었다. 딸에게 대놓고 말씀하시지는 않았지만 엄마에게 하시는 말씀은 "누구네 자식은 열 번 만나면 열 번 인사 잘해서 어른들이 다 칭찬해"였다. 어린 나는 알아들었다. 간접적으로 나를 가르치려고 하신 말씀이었다. 부모님에 의하면 나는 인사만 잘하면 나무랄 데 없는 딸이었다. 그렇다고 내가 인사를 안 한 건 아니다. 그 시대는 어른의 그림자만 보여도 뛰어가 인사를 하도록 배웠다. 나는 예

사람 사이에는 관계가 있다

의 바르게 인사하는 아이였지만 '상냥하고 잘 들리는 목소리'
면에서 후한 점수를 받을 수 없었다. 우리 부모가 바란 인사는
어른께 달려가는 것은 물론이고 상냥하고 잘 들리는 목소리로
크게 인사하는 것이었다. 그러면 어른들은 "어이구, ○○네가
자식 잘 가르쳤어" 칭찬했다. 인사는 가정교육의 잣대였고 됨
됨이를 평가하는 기준이었던 것이다.

엄마는 어느 날 감춰둔 비법을 전수하듯 가르쳐주셨다. "영
주야, 어른을 보면 씨익 웃고 나서 인사해봐." 씨익이라도 웃으
면 일단 얼굴이 환해지니까 인사받는 어른들도 기분 좋아진다
는 것이었다. 목소리 작은 아이에게 크게 내라는 무리한 방법
보다 얼마나 현실적으로 가능한 방법이었던가. 어렸을 때는 어
른들의 이런 인사 잣대가 부담스러웠지만 점점 더 깨닫게 된
것은 인사는 만사라는 것이다. 지금 나도 인사 잘하는 사람을
보면 아주, 참 좋다.

우리는 180도를 보는 시야가 있고 뒤에도 눈이 있다고 할
만큼 감과 촉이 있다. 관계의 고수는 360도 시야를 총동원해서
인사를 한다. 호칭도 확실히 넣어 인사하며 인사 타이밍도 놓

치지 않는다. 만약 몇 걸음 지나쳤다면 뒤돌아서 인사하는 습관도 가졌다.

　나도 남도 기분 좋게 하는 인사, 해서 좋고 받아서 좋은 인사가 있을 거다. 한창 일하다 고개 들었는데 그 사람과 눈이 마주쳤다면 살짝 미소 짓는 인사. 하루에도 몇 차례 오가며 만나는 사이라면 지날 때마다 웃으며 건네는 목례. 가벼운 인사에서 정중한 인사까지 순간적으로 확실하게 나올 수 있도록 몸에 배게 하는 것이 좋다. '봤을까, 안 봤을까, 인사할까, 말까?' 생각하는 게 아니라 생각을 거치지 않고 반사적 반응으로 인사하기. 인사와 목례, 그에 알맞은 인사말까지 잘한다면 인성은 물론 사회성까지 겸비한 관계의 고수다. 관계의 고수는 인사가 확실히 남다르다.

눈치는
봐야 한다면

남의 기분을 헤아리는 '눈치'는 있어야 한다.
눈치 봐서 눈치 볼지 안 볼지를 결정하는
얄팍한 사람에겐 고난도 관계 기술을 펼치자.

태훈 씨는 오늘도 어록을 남긴다. 그는 어디서 입수했는지 만날 때마다 명언을 내세워 자기를 합리화한다. 합리적인 말을 하는 게 아니라 자신의 궤변이나 태도를 합리화시키기 위해 명언을 동원하는 것이다.

그가 내세운 오늘의 명언은 "당신의 행동으로 남이 어떻게 생각할까에 연연해하지 말라. 남들은 당신에 대해 그렇게 깊이 생각하지 않는다"는 엘리너 루스벨트Eleanor Roosevelt의 말이었다. 자신의 눈치 없고 이기적인 면을 감싸기 위해 인용하는 이 말에 친구들은 그러려니 하는데 태훈 씨를 아직 겪어보지 않은 새 멤버가 한마디한다.

"그 말은 이 상황에서 안 어울리는 거 같은데? 눈치는 봐야 하는 거 아닌가?"

태훈 씨의 자기 감싸기식 명언 인용에 일침을 가하는 말이었다. 일행들은 속시원한 표정이다.

상처, 트라우마라는 말이 한창이더니 몇 년 전부터는 '남에게 휘둘리지 말고' '모든 사람과 잘 지내려고 하지 말고'라는 말이 넘친다. 말이야 맞다. 세상의 중심은 나인데 남에게 끌려가며 살 순 없다. 하지만 남 의식 안 하고 맘대로 하겠다는 것

사람 사이에는 관계가 있다

은 이기적으로 살겠다는 것과 다르지 않다. 소신이나 당당함과는 다르다. '자신을' 아끼는 것과 '자신만' 아끼는 건 다르다.

남을 의식하는 건 인간관계의 기본이다. 저 사람 기분이 어떤지, 남의 마음을 그때그때 상황으로 미루어 알아내는 것이 '눈치'다. 상대 눈치 안 본다는 말은 상대를 의식하지 않겠다는 속셈과도 통한다. 그런 만큼 눈치를 안 본다는 말은 가볍게 할 말이 아니다. 상대방의 기분을 살피고 헤아리는 걸 '눈치 본다'고 바꿔 말할 수도 있다. 관계의 기본은 상대방 눈치를 보는 것이다. 눈치 안 본다는 건 자신이 안하무인이라는 고백일 수도 있다. 눈치꾸러기가 되자는 게 아니다. 눈치 없이 살지 말자는 것이다. 눈치는 봐야 한다.

하지만 태훈 씨 같은 사람에게 끌려다니며 눈치 보는 서준 씨 같은 사람도 있다. 그는 누군가를 실망시키면 자신이 괴롭고 힘들어 남 비위 맞추고 눈치 보느라 에너지가 고갈된다. 그런 면에서 '남이 어떻게 생각할까에 연연해하지 말라'는 말은 서준 씨를 위한 말이다. 인간관계에서 눈치는 있어야 한다. 눈치 볼 줄도 알아야 한다. 그렇지만 눈치 보며 괴로워한다면 자신을 눈치꾸러기 만드는 것이다. 경우 없는 안하무인인 사람의 눈치를 본다면 그건 비굴함이고 인생 낭비다. 상대의 비상식적인 면을 키워주기도 한다.

　서준 씨는 친구의 일방적 약속 변경에 "그래? 어, 그러자" 하곤 친구의 독선에 화가 치민다. 반복되는 친구의 제멋대로 태도에 화가 나지만 친구에게 끌려가고야 만다. 상대방 입장은 안중에 없는 친구에게 실망할 때마다 독하게 마음먹지만 친구가 뭔가 말하면 눈치 보다가 결국은 "오케이" 한다. 친구는 서준 씨의 기분을 전혀 모르는 걸까. 멈칫거리고 망설이는 것을 그 친구가 모를 리 없다. 하지만 서준 씨가 자신의 페이스에 말려들 걸 알기 때문에 모르는 척하는 거다.

　만약 서준 씨 친구가 태훈 씨처럼 코에 걸면 코걸이 식으로 자기합리화까지 하면 당해낼 수 없다. 말까지 잘하는 이기적인 사람, 거짓도 참인 듯 꾸며대는 궤변가는 상대의 눈치를 안 보기에 가능한 것이다. 세상엔 눈치 있는 사람, 눈치 없는 사람만 있는 게 아니다. 눈치 안 보는 무서운 사람도 있다. 그런 사람은 적당히 기회를 엿본다. 그리고 감별한다. 눈치 볼 사람인지 눈치 안 봐도 되는 사람인지 눈치껏 식별한다. 고단수의 눈치

사람 사이에는 관계가 있다

로 이기적인 관계를 맺는 것이다. 그런 사람에게 우리는 눈치를 줘야 한다. 눈치 좀 보라고. 우리가 눈치 보고 끌려다닐 일이 아니다. 이런 방법이 있다.

우선은 자신의 생각과 감정을 설명하는 힘을 기르는 것이다. 자신을 제대로 설명하는 힘은 관계의 핵심이다. 끌려다니고 눈치 보는 같아 에너지 소진되어 관계의 번아웃을 느낀다면 내 자아는 I'm not OK다. 이걸 OK 상태로 만들어야 한다. 그렇잖으면 피해의식에 사로잡힌 사람으로 오인받고 이상한 사람이 되어 손절당한다. 착해서 당한 것이 아니고 배려심 있어서 당한 것도 아니다.

두 번째는 건강한 자아개념을 형성하는 것이다. 인간관계의 순서를 다시 확인하는 방법이다. 관계의 순서는 나, 너, 우리다. '나'라는 건강한 자아가 있어야 너, 우리로 나아갈 수 있다. 건강한 자아개념을 형성해야 타인과 건강한 관계를 맺는다.

세 번째는 당당하게 의견을 말하는 것을 연습하는 것이다. 말이 안 나온다면 먼저 자세부터 연습해야 한다. 어깨 펴고, 가슴 내밀고 턱을 당기는 것 등이다. 전화든 대면이든 이 자세는 반드시 보이게 되어 있다. 연습했다면 시도해봐야 한다.

서준 씨는 성공했다. 자신의 목소리 내기였다.

"제안은 고맙지만, 오늘 시간이 안 돼. 미안해."

Yes, but 기법이었다. 고맙고 미안하다는데야, 뭘 어쩌겠는 가. "넌 다 듣지도 않고 거절하냐"고 악착같이 물고 늘어지는 사람에게도 효과 있다. 남을 실망시키지 않으려고 자신을 희생 했다면 최소한 자신을 지키기 위해서라도 이런 말을 해야 한 다. 이때 주의할 점이 있다. 어떤 상황에서도 상대를 비난하지 말고, 내 말만 하는 것이다. "네가 약속을 안 지켜서 내가 이럴 수밖에 없다"는 상대에게 공격의 빌미를 준다. 또 한 가지 기 억할 게 있다. 이런 방법이 한 번에 통하는 건 아니라는 것이 다. 첫술에 배부를 순 없다.

반드시 성공하진 않더라도 이 한 가지는 확실하다. 상대는 이제부터 내 눈치를 보게 될 것이다. 자신이 맘대로 휘두를 상 대가 아니라고 판단하면 더이상 제멋대로 하지 못한다. 이것 또한 인간관계다. 그럼에도 궤변을 늘어놓는 상대라면 이제 당 신의 선택은 하나다. 눈치 보지 말고, 손절하기!

사람 사이에는 관계가 있다

긴장의 끈을 놓지 말고
분발하라는 말은 아프다

금일봉을 넉넉히는 못 주더라도
말로는 넉넉하게 축하해줄 일이다.
긴장의 끈을 놓지 말고 분발하라는 채찍질은 아프다.

아들이 CFA, 국제공인재무분석사에 합격했다. 아들로서는 엄청난 쾌거였다. 기쁨을 감추지 못하는 아들에게 아빠는 말했다.

"이제 1차 합격이니까 긴장의 끈을 놓지 말고 더 매진해야지. 3차까지 합격하려면 안주하지 말고! 좋을 때일수록 위기에 대비해야지. 편안할 때일수록 위기를 생각하라는 거안사위居安思危라는 말 명심하고!"

아빠도 기쁨을 감출 수 없는 표정인데 나온 말은 결연했다. '칭찬'을 듣고 싶은 순간, '긴장'을 선물 받은 아들은 "네" 하더니 말했다. "아빠, 학부생 때는 이게 최고거든요. Level 2는 학사 자격이 있어야 하고 Level 3는 학사 졸업에 금융권 종사자로 4년 이상 근무해야 하는데, 아빠 진짜."

아들은 "아빠 진짜" 다음에 할 말을 삼키는 눈치다. 엄마가 "아들, 축하해. 아빠가 너무 좋아서 그러시는 거야. 알지?" 했지만 이 말에도 "네" 할 뿐이었다.

아들이 없는 자리가 되자 아내가 속상한 듯 말한다.

"자긴, 왜 그래? 그냥 축하한다고 하면 되지. 무슨 문자까지 써 가며 애 기죽이냐고. 축하한다, 아빠도 너무 좋다, 그러면 될걸. 내가 정말 자기 때문에 긴장할 때가 한두 번이 아니야.
그렇게 가르쳐줘도 안 돼? 무슨 50대가 80대 아버님 시대 수준
으로 말해?"

"좋은 말인데 왜 그래? 원래 좋은 일이 생기면 사람은 느슨
해지기 마련이야. 그러다 실수도 하고, 괜히 소홀해지니까 긴
장의 끈 놓지 말란 건데 왜?"

남편도 머쓱했는지 말에 힘이 없어지긴 했다. 아내가 말한
아버님 수준이라는 게 뭔지 알기 때문이다. 거안사위라느니 호
사다마好事多魔라느니 하며 좋은 일 생길수록 조심하라 말한 것
을 지적한 것이리라. 남편도 아는데 잘 안 된다. 좋은 일, 원하
는 일을 크게 외치라는 긍정적 사고의 중요성, 세상이 달라져
서 인식도 바뀌고 가치관이 달라졌다는 걸 알면서도 막상 현
실에서는 이런 긍정의 말이 순발력 있게 나오질 않는다.

오상진 아나운서가 방송에서 학창시절 아버지에게 섭섭했
던 일화를 고백했다. 고등학교 시절, 반에서 1등을 하면 아버
지는 "전교에서는 몇 등이냐?"고 했고 아들이 100미터 달리기
를 15초에 뛰면 아버지는 몇 초 더 당겨보라고 했다. 그로부터
30년이 지나 오 아나운서가 이 기억을 꺼내자 아버지는 말했

다. "더 잘할 수 있는 아들이라서 그랬다."

부모라면 안다. 이 말에 자식을 위하는 진심이 담겨 있다는 것을 어떤 부모도 의심치 않는다. 그 시대 부모의 자식 사랑법이었다. 자식 잘되라고 하는 격려의 채찍이었다. 장성한 아들은 이제 부모가 되어 아버지의 마음을 알지만 그래도 좀 다르게 격려해줬으면 하는 아쉬움이 있다. 이런 말이 듣고 싶었던 것이다. "그래, 잘했다. 우리 아들, 자랑스럽다."

지금 젊은 부모들에게는 이런 칭찬의 말은 평범한 것이지만 30년 전 아버지는 속으로 기쁨을 삼키곤 입 밖으로 '더 분발하라'는 말을 했다. 달리는 말에 채찍질하면 더 잘 달린다는 걸 실천하는 게 그 시대 자식 사랑법이었다. 가속이 붙어 더 잘 달리기를 바라는 마음에 그렇게 격려했고 그것이 곧 부모의 칭찬이었던 것이다.

달리는 말은 채찍질에 더 달린다. 하지만 사람을 분발하게 하는 건 '더 잘하라'는 말보다 '잘했다'고 현재의 성과를 인정해주는 말이다. 혹시 나태해질까 봐, 현재 만족에 머물고 더 나아가지 않을까 봐 걱정하는 부모 맘은 안다. 만약 부모로서 자식을 위해 꼭 당부하고 싶다면, 말의 순서를 바꾸어보자. 칭찬 - 당부 - 칭찬의 순서다.

"반에서 1등 했다고? 축하한다. 그동안 열심히 하더니 1등을 했구나. 너는 노력하면 잘하니 좀 더 분발하길 바란다. 정말 축하한다. 아빠도 기쁘다."

이 말에는 1. 축하의 마음 2. 열심히 한 과정 인정 3. 노력하면 더 잘할 수 있는 가능성 제시와 아빠의 기쁜 마음이 다 담겨 있다.

나는 부모님이 기뻐하는 모습을 보는 게 좋아서 열심히 공부하는 아이를 알고 있다. 공부를 열심히 하는 이유에는 자아실현 등 멋진 목표가 있겠지만 '부모님이 기뻐하시는 모습이 좋아서'라는 이유는 감동적이었다. 나도 부모라서일까. 그 아이와 부모의 관계를 유심히 보게 되었다. 아이에게 하는 부모의 말이 칭찬 - 당부 - 칭찬의 순서였다.

편안할수록 위기에 대처하라는 말은 틀리진 않다. 하지만 이런 격려는 아이들에겐 부담스럽기만 하다. 그러잖아도 경쟁에 시달리고 불안한 미래에 힘들어하는데 긴장의 끈을 놓지 말라고 압박한다면 버겁기만 한 아이들은 주저앉고 싶다. 알아야 할 것도 많고, 배워야 할 것도 많고, 따야 할 자격증은 왜 이리 많을까. 뭐라도 성취하려니 잠은 항상 부족하고 압박감은 터질 듯하다. 아이에게 세상은 살 만한 곳이라고 안심을 주는 사람이 있어야 한다. 부모다.

　세상은 전쟁터라는 비유를 탓할 수만은 없다. 경쟁이 치열한 시대를 살고 있음도 사실이다. 하지만 전쟁이 끊이지 않던 춘추전국시대에도 승리하면 술과 고기를 차려주어 전승의 기쁨을 즐기게 했으리라. 축하해주고, 며칠은 잘 먹고, 푹 쉬고, 맘껏 즐기게 두자. 금일봉을 넉넉히는 못 주더라도 말로는 넉넉하게 축하해줄 일이다. 긴장의 끈을 놓지 말고 분발하라는 채찍질만은 하지 말자. 아프다. 긴말로 축하하자는 게 아니다. 이 정도면 아주 훌륭하다.
　"축하한다, 아들. 노력의 결실을 맺어 아빠도 기쁘다."
　나머지 격려사는 아들을 믿고 생략해도 좋다.

사람 사이에는 관계가 있다

6장

관계에도
향이 있다

카톡으로
보내는 사직서

직업을 여러 번 가질수록 이직이 잦다.
다시 만날 확률도 높다.
이별에 더 성의 있는 소통방식이 필요하다.

'관계를 맺는다'는 말이 있다. 관계를 시작하고 이어나가는 상태이며 '관계 맺음'이라고도 한다. 맺은 관계를 잘 이어가면 좋겠지만 살다 보면 관계를 끝내야 할 때도 있다. 그렇다면 관계를 끝내는 표현으로는 어떤 게 알맞을까. 관계 끊음? 이 말엔 부정적 느낌이 묻어난다. 뭔가 안 좋은 일로 끝낸 것 같다. '끝맺음'이라는 말은 어떨까. 끊어내는 단절이 아니라 관계를 잘 마무리하는 끝맺음의 느낌은 사뭇 다르다.

바느질이나 뜨개질을 하고 끝맺음을 하지 않으면 한 땀 한 땀, 한 코 한 코 애쓴 것이 순식간에 풀어진다. 그동안 들인 공도 무너진다. 끝을 맺지 않은 작은 실수는 시작과 과정을 모두 망칠 만큼 크다. '유종의 미'라는 말이 있다. 과정도 중요하지만 끝이 중요하다는 걸 강조할 때 쓰인다. '끝이 좋으면 다 좋다'는 말도 있다. 인간관계야말로 끝이 좋아야 한다. 꼭 끝내야 한다면 '끊는' 게 아니라 '맺는' 것, 잘 끝맺는 것을 숙고할 이유다. 만약에 직장을 마무리해야 한다면 어떤 끝맺음이 좋을까.

입사라는 관계 맺음은 내 선택과 상대 선택의 조합이지만 퇴사라는 끝맺음은 나에 의해 이뤄진다. 결정하기까지 숙고를 거듭해야겠지만 어떤 방식으로 퇴사를 알리는가도 심사숙고해야 한다. 퇴사의 퇴는 물러날 퇴(退)다. 그만두고 물러난다는 뜻이다. 물러날 때의 모습은 어떤 게 좋을까. 도망치듯 물러나는 모습은 아니어야 한다. 설렘과 떨림으로 입사 원서를 쓰고 면접을 준비했다면 물러날 때는 더 진지하게 사직서를 쓰고 제출 방식도 생각해야 하는 것이다.

여러 번의 직업을 갖는 게 젊은 세대의 특권이자 운명이다. 한번 선택은 영원한 선택이 아니고 한 우물 파는 세대도 아닌데 의미를 찾지 못하는 직장을 억지로 버티며 다녀야 할 필요는 없다. 그런 만큼 시작과 끝이 더 빈번할 수 있다. 끝맺음을 잘하는 게 능력인 시대인 것이다. 이별은 또 다른 만남을 전제로 하기에 끝맺음을 잘하는 건 또 다른 맺음과 맥락이 같다.

수현 씨는 스타트업 기업에 입사했다. 블라인드 채용에 합격한 것이다. 직원은 소수였지만 개발자로서의 자부심을 느끼게 하는 데다 복지도 좋은 편이었다. 하지만 문제는 입사 후 무슨 일을 어떻게 해야 할지 모르겠다는 것이었다. 일을 찾아서 하면 끝이 없을 정도지만 도무지 무엇을 할지 모르겠더란다.

고민 끝에 대표를 찾았다. "저를 가르칠 사수가 없나요?" 돌아온 말은 "알아서 해야 한다"였다. 막막한 그는 사직을 결정했다. "귀사는 저와 맞지 않는 것 같습니다. 생각했던 것보다 너무 힘들어서 못 다닐 것 같습니다." 그는 이 내용을 카톡으로 보냈다. 그 몇 글자가 사직서였다. 카톡을 받은 대표는 입을 다물지 못할 정도로 황당했다. 입사한 지 얼마나 됐다고 사직을, 게다가 카톡으로 사직 의사를 밝히다니 믿을 수 없었다.

이 이야기에 누군가는 이 시대를 상징하는 관계의 빈약성이라고 했지만 이후에도 '황당한 사직서' 사례는 여러 번 들었다. 익숙함이란 무뎌짐과도 통해서일까. 이제 카톡 사직서가 황당하게 들리지 않는다. '사직서 쓰기'라는 번거로운 형식을 벗어난 나름 합리적인 이별 방식이 된 것 같다는 사람도 있다.

어느덧 스마트폰 톡·문자로 일 처리를 하는 게 보편적인 세상이 되었다. 정부도 '모바일 전자 고지'를 한다. 젊은이들의 카톡 사직서에 개탄하던 기성세대들도 톡으로 청첩·부고 등 경조사를 전한다. 정치권에서도 해촉과 사의 표명을 문자로 하는 반신반의할 일도 벌어지고 있다. 누군가는 이를 두고 '이별

관계에도 향이 있다

에 더 성의 있는 소통방식이 필요하다'고 했지만 몇 년 사이 일어난 가치관의 변화다. 그런데 분명한 게 있다. 세상이 어떻든 내 중심은 내가 잡아야 한다. 나의 소통방식이 관계에 이로운지 면밀히 검토하는 거다.

이별이 만남보다 중요하다고 말할 순 없어도 어디서 무엇이 되어 다시 만날지 모른다는 시구는 여전히 유효하다. 설령 사표를 던진 그 직장의 대표나 상사를 다시 안 만나더라도 언젠가 나를 닮은 후배를 만날 수 있다. 소셜 네트워킹 서비스로 소식을 접할 기회도 많다. 관계의 그물망이 오히려 촘촘해졌다. 직업을 여러 번 가질수록 이직이 잦으므로 다시 만날 확률도 높다. 유종의 미는 젊은 세대에게 더 적용되는 것이다.

원치 않는 일이 분명하면 이를 악물고 참을 이유는 없지만 퇴사를 선택할 때는 실수를 줄일 장치가 필요하다. 믿을 만한 가족, 속 터놓을 친구, 괜찮은 선배와 끝맺음을 이야기 나누는 것도 좋겠다. 개인적으로는 부모님과의 의논을 강추한다. 20, 30대를 치열하게 살아온 부모의 지혜를 빌면 훨씬 괜찮은 결정을 할 수 있기 때문이다. 기한을 정하는 것도 좋겠다. 일단

월급을 몇 번 받아보고 결정해도 늦지 않다. 그럼에도 도,저,히 아니라면 그땐 결정하자. 인생은 선택이고 선택과 결정은 삶이 계속되는 한 지속된다. 결정 장애라는 말이 있을 만큼 결정한다는 건 그만큼 어렵지만 선택하고 결정할 일이 많다는 건 젊다는 거다. 어느 지점이 되면 선택의 폭이 좁아지고, 선택할 일도 줄어든다.

선택할 일이 많은 가운데, 더 나은 선택을 위하여 갈등하는 청춘이 부러워서, 부러운 마음에 몇 마디 얹어보았다. 또 다른 선택에 앞서, 앞의 선택에 끝맺음하는 방식에 따라 인생이 달라진다는 것을 잘 알기에. 시작과 끝 모두 잘 '맺음'해야 하기에.

훅 치고 들어오는
관계의 불편함

아무리 친밀해도 침범당하기
싫은 부분은 분명히 있다.
지구와 태양도 일정 거리를 유지하기에 존재한다.

집 근처로 식사하러 갔다. 봄바람이 좋아 핑계 김에 나선 것이라 정한 식당은 없었다. 꽃잎 떨어지는 길을 한가하게 걸으며 '뭐 먹을까?' 기웃거리는데 가게 안에서 누군가 손짓한다. 아는 분이다. 아주 친하지 않은 사람과의 식사보다 혼밥이 편하지만 반갑게 대하는 데 이끌려 합석했다. 나는 혼밥을 일찌감치 시작했다. 글 쓰고 강연하는 직업 때문일 것이다. 혼자 하는 일이 대부분이라 식사뿐 아니라 많은 시간을 혼자 지내야 한다. 그러다 보니 혼밥이 익숙했지만 그날은 함께 식사하는 것이 즐거웠다. 역시 밥은 같이 먹어야 더 맛있나 보다.

저녁 식사를 하던 중 점심 메뉴 이야기가 나와 점심 식사 에피소드를 말하자 딸이 말한다.

"엄마, 그런 거 싫어하잖아. 불편하지 않았어요? 훅 치고 들어오는 거 난 싫던데."

딸이 '싫어하다, 불편하다, 치고 들어오다'를 말하는데 치고 들어온다는 말이 그렇게도 쓰일 수 있구나 싶었다. 내 본의는 '반가움, 친절, 배려'였어도 경우에 따라 '참견, 강요, 지적' 같은 훅 치고 들어가는 것과 동일 선상일 수도 있겠다는 생각도 들었다. 누군가는 반가운 마음으로 제안했지만 상대는 편치 않은 압력으로 느낄 수도 있을 것이다. 시간이나 상황이 맞으면 괜찮지만 그렇잖으면 거절한 사람과 거절당한 사람이 되어 관계가 불편해질 수도 있다.

혹 치고 들어간 경험들이 떠오른다. 내 본의와는 상관없이 상대방에 따라 '웬 간섭?'이라든가 상대를 당황하게 하고 불편하게 했던 것들이 제법 있다. 예를 들면 천천히 먹는 습관을 가진 사람에게 "어서 드세요" 권한다든가, 맛있는 반찬이 있을 때 "이거 맛있네요. 드셔보세요" 하며 그 앞으로 놓아주는 등 이밖에도 많은 참견을 했던 것이다. '난 천천히 먹는 습관인데 왜 어서 먹으라고 하지?' '반찬을 왜 강요하지?' 했을 것도 같다. 내 본의는 친절, 배려, 권유였지만 강요, 간섭, 참견으로 치고 들어간 것이 아니란 법 없다.

음식 먹을 때만이 아니다. 메일이나 카톡으로 주고받다 막히는 부분은 통화를 원했던 내 소통방식이 젊은 친구들에게는 '혹 치고 들어가는' 방식이 아니었을까? 전화공포증Call Phobia까지는 아니어도 메일이나 문자로 업무를 보는 게 편한 그들에게 만남 다음으로 최선의 소통이 전화통화라고 믿은 내 방식이 불편함을 주었을지도 모른다. 정확하고 싶은 내 업무 방식을 내세웠지만 누군가에겐 훅 치고 들어온 경험이었을 수 있다.

대놓고 말할 수 없어서 훅 치고 들어오는 훅hook을 아프게 감당하고 있다면 그 관계는 오래가지 못한다. 친밀함과 관심이라는 포장으로 훅 치고 들어가는 말도 많다. 취업 때문에 고민인 취준생에게 "취직은 했어?"라는 말은 느닷없이 날린 레프트 훅이 되어 아플 수 있다. "살 좀 쪄. 너무 말랐어" 했는데 알고 보니 건강에 이상이 생겨서 살이 빠진 경우라면 라이트 훅을 날린 거다. 내 관심이 상대에겐 라이트 훅, 레프트 훅이 될수 있다. 아프게 할 본의가 아니었다 해도 모든 사람이 내 본의인 참마음을 알 수는 없는 것이다. 세대 간, 가치관의 차이도 있겠지만 내 본의와 상대방의 해석이 다르다는 걸 깨닫는 건관계의 방식을 돌아보게 한다.

이번에도 배웠다. 훅 치고 들어가지 않으려면 해야 할 2가지다. 물리적인 거리와 정서적 거리 두기다. 내 본의보다 보편적인 상식을 따르는 것, 보이는 대로 판단하지 않는 것, 이렇다저렇다 평가하지 않는 것, 친절을 가장한 과잉 관심 보이지 않

관계에도 향이 있다

는 것이다. 상대방의 어깨나 팔을 툭툭 치며 말하는 게 친한 제스처라고 생각한다면 이 또한 돌아볼 일이다. 만지는 것을 싫어하는 사람은 친근감이 아니라 불쾌감을 느낀다.

훅 치고 들어가지 않을 안전한 거리를 두어야겠다. 과도한 간섭이라는 정서적 훅을 날리지 않으려면 일정 거리를 침범하지 않는 거다. 아무리 친밀한 관계여도 보여주기 싫고 침범당하기 싫은 부분은 분명히 존재한다. 그걸 지켜주는 게 안전한 거리 두기며 관계를 잘 유지하는 방법이다. 지구와 태양도 일정 거리를 유지하기에 존재하고 그 거리가 깨지면 재앙이 일어난다. 관계에 재앙이 일어나지 않는 방법도 거리 두기다.

다정함이라는 기준, 배려라는 미덕으로 훅 치고 들어간 적이 있었다면 미안하다. 본의는 아니었다고 변명하지 않기로 한다. 변명하는 순간 다시 본의 아닌 간섭과 조언, 충고를 시작하게 되므로. 안전거리는 당신과 나를 보호하는 장치이므로. 경계를 잘 지키기로 한다. 너무 멀지도 가깝지도 않게 안전한 거리를 지키는 건 존중 없인 불가능하기에. 당신과 내가 더욱 인격적이 되는 거리이기에.

관계에도 향이 있다

나도 모르게 편견으로
소통하고 있었다

나이, 외모, 학력으로 인사를 트고
소통하는 건 시대착오적이다.
관계를 돈독^{敦篤}하게 하는 게 아니라 해독^{害毒}이 된다.

"아무리 물건이 좋으면 뭐해! 기분 상하게 하는걸."

물건은 상한 것 없이 최상급이지만 기분이 상해서 못 가겠단다. 가족들이 "물건이 좋으면 됐지, 가깝고 물건 신선한 데 두고 왜 먼 곳까지 가시냐"라고 말해봐야 엄마는 요지부동이다. 자녀들이 번갈아가며 운전해서 엄마와 시장 가는 게 보통 일이 아닌데도 엄마는 극구 고집이다. 엄마 딴엔 이유가 확실하다. 그 가게 직원들이 부르는 '어머님'이라는 호칭 때문이다. "내가 자기들 엄마도 아닌데 어머님, 어머님 하기는. 그냥 손님이라고 하면 될걸." 그런데 엄마의 속내는 따로 있었다. 언젠가 과일을 두 박스 배달시키고 나오던 중 참외가 맛있어 보여서 낱개도 판매하냐고 물어봤더니 서비스로 두 개를 주더란다. 여기까지 들으면 "우아~ 서비스 좋네" 싶지만 그 뒤에 한 말이 엄마로 하여금 그 가게 문턱도 안 넘게 했다. "두 개 드릴게요. 할아버지랑 나눠 드세요" 하더라는 것.

"세상에, 그럼 지금까지 나를 할머니로 봤다는 거 아니니?"

이 일화에 사람들이 저마다의 경험을 쏟아놓는다. 한 사람은 명품 매장에서는 어머님, 아버님이라고 부르지 않는다고 했다. 손님을 왜 친족 간의 호칭으로 오버하는지 모르겠다면서 호칭에도 명품 호칭이 있다는 것이었다.

나이, 외모를 짐작해서 호칭을 부르던 시절이 있었다. 악의 없이 불렀지만 알고 보면 편견을 담고 있는 호칭도 많다. 일례로 '어머님' '아버님'이 대표적이다. 저 정도 나이면 당연히 결혼해서 아이가 있을 거라는 편견, 다양성이 아니라 획일성으로 재단한 시각이 호칭에 잔뜩 묻어 있었다. 30, 40, 50대라고 모두 결혼해서 아이를 낳아 기르는 전제로 부르는 것은 바람직하지 않다. 비혼이나 자녀가 없는 경우도 있기 때문이다.

관공서에서도 그런 고민을 했는지 요즘은 민원인을 '선생님'으로 부른다. 직업이 선생님인 분들이 들으면 어떨지 모르겠지만 경칭인 sir, 선생님으로 받아들이면 어머님, 아버님, 아줌마, 할머니, 할아버지라고 불러 누군가의 심기를 불편하게 하는 호칭보다 훨씬 낫다.

어느 아빠가 40대에 염색하게 된 사연이 있다. 아빠가 아이 둘을 데리고 놀이동산에 갔는데 직원이 "할아버지는 이거 타시면 위험하실 텐데요" 했단다. 이 말을 들은 다섯 살 된 아들이 큰 소리로 "우리 아빠 할아버지 아냐" 해서 모두 난감했다고. 그 아빠는 40대였지만 흰머리가 많았고 시력 나빠질까 봐 염색을 안 했는데 이후로는 염색을 했다고 한다.

호칭 하나로 기분이 나빠지고, 말도 섞지 않고 싶고 왕래를 끊고 싶다면 그런 호칭은 불통을 부르는 것이 분명하다. 호칭에 얼굴 붉혀진다면 그렇게 부른 사람의 얼굴을 다시 보고 싶지 않다. 호칭이야말로 관계의 마스터키인 것이다.

호칭뿐 아니다. 인사 삼아 한 말이 가슴에 비수를 꽂는 경우도 있다. 내 친구 사례만 봐도 그렇다. 친구는 만혼인 데다 40대 후반에 아이를 낳았다. 본인 스스로 기적 같은 일이라고 할 정도로 기뻐했다. 하지만 아이가 "우리 엄마 아빠 너무 늙었어" 할 때 가슴이 아프다고. 그런데 어느 날 거래처 직원을 만났는데 그 직원이 이렇게 묻더란다. "자녀는 다 결혼시키셨지요?" 친구는 그 거래처와의 거래를 끊었다며 "나, 유치하지?" 하며 웃었지만 나는 충분히 그럴 만하다고 생각했다. 누군가의 일반적 인사가 누군가의 가슴을 후벼 파는 말이 될 수도 있는 것이다.

호칭과 안부 인사, 질문 하나에도 '생각'이 필요하다. 무심코 하면 '편견'이 담긴 말을 할 수 있다. 20, 30대 결혼, 30, 40대 육아, 50, 60대 자녀 결혼. 이런 편견 담긴 공식을 적용하면 시대착오적인 사람이 된다.

호칭과 안부 인사에 대해 쓰다 보니 "선의의 악의가 있다"라고 말한 분이 생각난다. 그분은 자신의 아픈 경험을 말하면서 선의가 상대에게 악의가 될 수 있다는 걸 남의 말 한마디로 알았다고 했다. 이 말이었다. "학번이 어떻게 되세요?"

학력學歷보다 학력學力이라고 믿고 열심히 살아 자수성가했지만 대학에 다녀본 적이 없는 게 자기 인생의 콤플렉스였다는 걸 그 한마디로 깨달았다고 한다. 자신의 아킬레스건을 건드린 그 사람과는 웬만하면 만나지 않게 되더라고.

부르는 대상이 아니라 그를 둘러싼 것에 초점을 맞춘 호칭으로 부르는 습관이 있다면 관계에 문제를 만들 수 있다. 자녀 결혼은 시켰는지, 몇 학번인지 물었던 건 친근감과 호감을 높이기 위해서였지만 나이, 외모, 학력으로 인사를 트고 소통하며 친분을 쌓으려 한다면 관계를 돈독敦篤하게 하는 게 아니라 관계에 해독害毒이 된다.

'이것저것 생각하면 조심스러워서 어디 부르겠나?' 한다면 좋은 방법이 있다. 그 사람을 그 누구와 연관시키지 않는 방법이다. 누구의 엄마 아빠, 누구의 아내, 손주의 할아버지 할머니가 아니라 그 사람의 이름이나 직함을 부르는 것이다. 이름도 직함도 모른다면 '선생님', 손님이라면 '손님'이라고 부르면 된다. 그러면 최소한 편견을 담은 소통은 막을 수 있다.

만약 상대가 마음에 들지 않는 호칭으로 부른다면 "저를 ○○로 불러주세요"라고 자신이 원하는 호칭을 제안하는 것도 좋다. 처음엔 이런 제안이 어색할 수도 있지만 편견 없는 소통을 하기 위한 배려라는 걸 알면 기분 좋은 만남으로 시작해서 이쁘게 관계 맺어나가지 않을까.

관계에도 향이 있다

불행하게 사는 사람은
불행한 과거 소환하며 살더라

불행하게 사는 사람은 갈등의 순간에
불행한 과거를 소환한다.
수고와 헌신을 알아주는 고마운 과거 소환의 말은 어떨까.

주말 오후, 딸이 할 일이 있다며 카페에 간단다. 윤형 씨는 책 한 권 들고 딸과 나섰다. 딸은 엄마와 카페에 가는 걸 좋아한다. 윤형 씨도 그렇다. 둘이 특별한 대화는 하지 않아도 딸과 함께하는 게 좋다. 윤형 씨는 책을 읽고 딸은 노트북으로 작업하고 있는데 딸의 휴대폰이 드르륵 울린다.

"아빠? 우리? 카펜데? 엄마? 응."

딸이 휴대폰을 건넨다. 남편이 다짜고짜 말한다.

"왜 핸드폰 안 받아? 어디야? 왜 말 안 했어?"

"뭘 말 안 해? 좀전에 혜인이가 카페라고 했잖아."

윤형 씨는 남편과 몇 마디 주고받다가 "그럼 오면 되잖아" 하곤 전화를 끊었다. 딸이 쳐다보며 말했다. "엄마, 아빠 또 뭐라시지? 아빤 왜 그러시냐."

윤형 씨는 딸의 "아빠 또 뭐라시지?"라는 말을 듣는데 뜨끔했다. 딸에게 각인된 아빠는 잔소리 많은, 간섭하는, 가족을 통제하는 이미지라는 걸 알기 때문이다. 모든 발단이 엄마인 자신으로부터라는 생각이 들자 순간, 남편을 옹호하는 말이 나왔다.

"아냐. 우리 어디냐고, 아빠도 오고 싶다고 하셨어."

관계에도 향이 있다

"아빠 오셔봤자 핸드폰 보고 유튜브나 볼 거면서 왜 우리랑 있고 싶어 하시지? 집에서 보시면 좋잖아. 조용하고, 아무도 방해 안 하고."

딸의 말을 들으니 더 뜨끔했다. 윤형 씨가 남편에게 했던 말이다. 마치 윤형 씨 말을 녹음한 걸 재생한 듯 똑같았다. 자신이 말할 땐 몰랐는데 딸이 말하자 부정적인 말투가 민망스러울 지경이었다. 그러면서 남편과의 일들이 생생하게 떠올랐다.

며칠 전 딸과 갑작스런 저녁 식사 자리를 갖게 되었을 때였다. 그때도 남편이 전화해서 "뭐야? 왜 단톡에 안 올리고 갠톡 주고받고 그래. 나도 알면 시간 맞췄잖아" 했다. 윤형 씨는 남편에게 짜증 내듯 말했었다.

"요즘 바쁘다며?"

"내가 맨날 바빠?"

"알았어. 나와."

그때도 끊으면서 혼잣말했었다.

"너희 아빠는 왜 저러시니? 나이 들면서 왜 혼자 있는 걸 못 참고 자꾸 끼는지 몰라. 진작에 가족하고 잘 지내던지. 옛날엔…."

"그러게. 아빠 우리랑 있어도 '따로 또 같이'면서. 옛날부터 우리랑은 안 놀았잖아."

윤형 씨는 남편이나 친구에게나 할 말을 딸에게 너무 가감 없이 했다는 걸 깨닫는다. 더구나 윤형 씨가 딸에게 한 말은 아빠와 대화 안 된다는 넋두리나 험담에 불과했던 것이다. 그래서 요즘 노력 중이다. 그동안 자신이 했던 말들을 수습하자니 쉽진 않지만 노력한다.

"아빠 나이 드시면서 귀엽지 않니? 사람이 나이 들면 보통 고집이 세진다는데 너희 아빠 갈수록 우리 말을 귀담아들으시는 것 같아." 언젠가 남편이 "내가 못해준 게 뭐 있나?"라고 하는 바람에 둘이 다퉜던 걸 딸도 지켜본 것이 마음에 걸려서 딸에게 이런 말을 하기도 했다. "생각해보니 아빠 말대로 못해준 거 없는 데 엄마 기대가 너무 높았나 봐. 그 시대에 직장 다니면서 애 봐주고 살림도 도와주는 남자가 어딨었다고. 엄마가 아빠한테 21세기 기준을 댔으니."

남편 앞에서도 의식적으로 이런 멘트를 한다. "자긴 요즘 더 멋있어지는 거 같아."

윤형 씨가 노력하기 시작한 건 딸이 결혼해서 잘 살길 바라는 마음에서였다. 딸이 결혼해서 남편의 장점을 보고 살면 딸이 행복할 것 아닌가. 그런데 효과는 의외의 곳에서 나타났다. 남편이었다. 가족과 있을 때도 구부정하게 휴대폰만 들여다보던 남편이 딸, 아들과 대화하려고 한다. 더 나은 사람이 되려고 노력하는 남편이 보였다. 그다음은 윤형 씨 자신의 놀라운 변화였다. 그동안 못 봤던 남편의 좋은 점이 보였다. 그러고 보니 지난 세월, 남편의 단점만 보고 산 것 같다. '아내 말 들어 손해본 사람 있어?'라는 태도로 남편을 대했던 것이다. 잘 살자는 의미에서였지만 눈만 뜨면 단점 지적, 입만 열면 잔소리하는 아내에게 남편도 얼마나 힘들었을까.

윤형 씨가 정말 효과를 톡톡히 본 것이 있다. 남편을 비난하는 과거 소환의 말을 안 하게 된 것이다. 수많은 '행복론'을 종합해도 나온다. 지나간 건 다 잘한 거라는 전제에서 지금을 살아야 행복할 수 있다. 주변만 봐도 안다. 불행하게 사는 사람을 보면 불행한 과거를 소환하며 산다. 윤형 씨의 요즘 모토는 '지나간 건 다 잘했다'다. 그래서인지 과거 소환하는 원망의 말이 1도 안 나온다. 오히려 남편에 대한 고마운 표현이 진심에서 나온다. 어느 날 윤형 씨가 남편에게 말했다. "당신, 참 고마운 사람이야." 그 말에 남편이 멋쩍게 웃더니 "당신이 고생했지. 고맙지" 했다. 말이 뭐길래. 이 몇 마디에 눈시울이 뜨거워지는 거 아닌가.

불행한 과거 소환이 아니라 그동안의 수고와 헌신을 인정하는 고마운 과거 소환의 말이라면 괜찮을 듯하다. 서로를 좀 더 나은 사람이 되게 하고 싶으니까. "당신은 나를 좀 더 나은 사람이 되고 싶게 해요"라는 영화 대사가 윤형 씨와 남편의 현실이 된 것이다.

관계에도 향이 있다

"너만의 온도가
있을 거야"

"너만의 적정 온도가 있을 거야.
널 믿지만 막히거나 힘들면 의논해줘."
갈팡질팡 힘들 때 이렇게 말해주는 사람이 있으면 좋겠다.

"그러니까 하고 싶은 게 뭐냐고?"

"아, 지금 찾고 있다니까."

"뭘 지금도 찾아? 내일 모레면 서른이야. 대학원도 싫다, 직장은 뱀파이어다. 그러길 몇 년째야. 엄마 아빠가 네 의견 무시하고 푸시한 적 있어?"

"없어."

"그치? 널 믿고 기다린 거잖아. 그러다 이제 자리 잡았나 보다, 역시 기다린 보람 있구나 하고 엄마랑 아빠랑 얼마나 기뻤는지 알아?"

"…."

"지금 다니는 네 직장, 남들 다 부러워해. 솔직히 아빠도 엄청 자랑하고 다녔다고 하시더라. 그러니까 이번엔 네 맘대로 결정하지 말고 의논 좀 하자는 거지. 김연아 선수 어록 못 들었어? 99도 열심히 온도를 올려놓아도 마지막 1도를 올려야 물이 끓는다고 했잖아. 포기하고 싶은 1분을 참는 거라고."

"엄마, 난 지금 피겨 연습하는 게 아니거든."

"그 말이 그 말이지. 참는다는 건 연습이나 직장이나 마찬가지잖아."

지훈 씨는 아내의 말을 뒤로하며 조심스럽게 현관으로 갔다.

"여보 혜정 아빠, 어디가. 왜 자긴 빠지는 거야?"

아내의 말에 뒤통수가 따끔거렸지만 그 자리에 있다간 자칫 아내 편을 들 것 같았다. 딸을 이해 못 할 바는 아니지만 이번엔 말리고 싶다. 직장 그만두지 말고 계속 다니라고, 강하게 말하고 싶은 것이다.

원조 딸바보 아빠였던 만큼 지훈 씨는 딸과 소통이 된다고 자처하고 있었다. 딸아이가 사춘기일 때, 아내랑은 눈만 뜨면 티격태격할 때도 지훈 씨와 딸은 나름 통했다. 그런데 이번만큼은 지훈 씨도 딸 편에 설 수는 없었다. 아내 말대로 딸아이가 K그룹에 입사했다는 소식을 듣곤 너무 좋아 웃었다. 그런데 딸아이가 사직하고 싶단다. 지훈 씨는 몇 년 전 끊은 담배 생각이 간절했다.

지훈 씨는 무작정 걸었다. 담배 생각이 다시 간절했다. 담배를 끊은 것도 딸아이의 부탁 때문이었다. 지훈 씨의 유일한 사치가 담배였는데 딸아이가 정식으로 부탁한 날, 그날부터 노력해서 딱 2주 만에 끊었다. 아내와 딸이 30분은 이야기 나눌 것이니 시간 맞춰 들어가자고 생각했다. 걷노라니 아이스크림 가게가 보인다. 지훈 씨는 아이스크림 가게로 들어갔다. 평소라면 패밀리를 샀겠지만 이번엔 파인트 두 개를 샀다.

집안은 고요했다. 아내는 안방에, 딸은 제 방에 있나 보다. 지훈 씨는 딸 방을 노크했다.

"딸, 아이스크림 먹자. 달달한 게 필요할 때가 있더라. 아빠 힘들 때 그렇던데. 아빠 딸이니까 우리 딸도 닮았으려나? 먹고⋯ 아빠 나간다."

지훈 씨는 "먹고⋯" 다음에 뭔가 할 말이 있지만 생략하기로 했다. 말을 아끼는 게 낫다는 생각에서였다. 하지만 돌아서 나오던 지훈 씨는 딸에게 이 말은 꼭 해주고 싶었다.

"혜정아, 엄마 말도 틀리진 않지만 아빠 여전히 네 결정을 믿어."

딸이 말했다. "아빠, 할 말 있으면 해. 아빠도 나한테 할 말 있잖아." 딸이 일어나며 의자를 내주곤 자신은 침대에 앉았다.

"어렵겠지만 네가 선택해야 해. 딱 이 길이다 하면 좋겠지만 요즘은 선택지도 너무 다양하잖아. 다양성 시대라 오히려 네가 더 힘들 수도 있을 거야. 꼭 100도로 끓이려고 너무 애쓰진 마라. 너 아기 때 분유 타는 건 아빠 몫이었는데 너무 뜨거우면

관계에도 향이 있다

엄마한테 한소리 들었어. 조금이라도 뜨거우면 네가 안 먹었거든. 너만의 적정 온도가 있을 거야. 널 믿지만 막히거나 힘들면 엄마 아빠랑 의논해줘. 아빠, 진짜 나간다."

얼마 후 딸이 아이스크림 통을 들고 나왔다.

"뭐야? 나 빼놓고 둘이만 먹는 거야? 난 같이 먹자고 나왔는데. 암튼 둘이 짝꿍 아니랄까 봐. 나도 결혼해야겠다. 내 짝지 만나게."

지훈 씨는 아내가 좋아하는 맛으로 골라 따로 준비했었다. 아내도, 딸도 위로가 필요하다는 생각에서였다. 지훈 씨도 그랬다. 아빠로서 속상하고 답답한 마음이 왜 없겠는가.

딸이 내려놓은 아이스크림을 지훈 씨 부부가 먹던 아이스크림 옆에 놓자, 보였다. 저마다의 맛 취향. 딸이 좋아하는 맛이 다르고 아내와 지훈 씨가 좋아하는 맛이 다르다는 걸. 그리고 또 보였다. 세 명이 공통으로 좋아하는 맛이 있다는 것도.

똑같이 좋아하면 편중되거나 다툴 것이고, 너무 다르면 "왜 그런 맛을 좋아하느냐, 무슨 맛으로 그걸 먹느냐"고 비난도 할 것이다. 지훈 씨가 말했다. 아내를 향해서였지만 딸도 들으리라 생각하면서였다.

"여보, 저마다 온도가 다르고, 맛 취향이 달라서 다행이지 않아? 우리 혜정이가 언제 우리 속 썩인 적 있었나? 내 기억엔 없는데. 그치?"

아내는 그저 아이스크림만 먹고 있었다. 아내 반응이 그 정도면 되었다 싶어 지훈 씨는 안심이 됐다. 딸이 말했다.

"엄마 아빠, 며칠 더 고민해볼게."

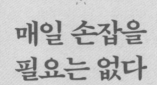

매일 손잡을
필요는 없다

알아서 챙겨주길 바라면 자주 실망한다.
당연히 이 정도는 되어야 한다는
당연의 기준이 높은 것도 가족 사이를 방해한다.

선거일 아침이었다. 막 오픈한 카페는 일찌감치 투표를 마친 사람들로 붐볐다. 그중에서 하이체어에 앉은 노부부가 눈길을 끌었다. 샌드위치와 커피를 마시며 천천히 여유 있는 아침 식사를 하는 모습이었다. 두런두런 대화를 나누고, 서로 입과 손을 닦아주며. 한 시간여의 식사를 마친 노부부. 나는 두 분에게서 눈을 뗄 수가 없었다. 두 분은 서로 안성맞춤의 배려를 하고 있었다. 의자에서 내려올 때 의자를 잡아주고, 발을 디딜 때 손을 잡아주고, 다시 의자를 잡아주고, 손을 잡아주는 모습. 입 안의 혀 같다는 말, 이심전심이라는 말을 저럴 때 쓰는 걸까?

황혼육아전문가로 조부모님 대상 강연을 해서인지 '조부모 세대' '실버 세대'에 관심이 많다. 에릭슨Eric Ericson의 발달 단계에 의하면 이 시기는 살아온 삶을 돌아보며 다양한 경험을 인정하고 수용하는 시기이며 후회와 절망도 하는 '통합 대 절망'의 시기다. 여유 있는 노년을 보낸다는 건, 통합의 단계를 지내는 것으로 인생 잘 살았다는 증표다. 그 노부부가 그래 보였다.

두 분을 보며 가수 김광석이 불렀고, 임영웅 가수가 다시 대히트시켜 국민 노래가 된 '어느 60대 노부부 이야기'라는 노래가 떠올랐다. "인생은 그렇게 흘러 황혼에 기우는데." 이 대목에서는 눈물이 난다. 자식 다 키우고, 서로 지켜주다 임종 머리맡에서 손잡아주며 "여보, 안녕히 잘 가시게" 인사하려면 어떻게 살아야 그 경지에 다달을까.

노래가 알려진 90년대와는 달리 이제 60대분들께 '노'자를 붙이기엔 민망하다. UN이 발표한 바에 의하면 18~65세는 Youth, 청년이다. 인류의 체질과 평균수명을 측정하여 연령 분류의 규정을 5단계로 나눈 이 자료를 보더라도 66~79세가 Middle-aged 중년, 80~99세가 Eldery senior 노년이라니까 80대는 되어야 노부부라는 호칭이 걸맞을 것이다. 카페에서 만난 두 분 같은 경우다.

걸을 땐 할머니가 할아버지를 잡아주고, 문을 열 땐 할아버지가, 계단을 내려갈 땐 동시에 손을 내밀어 잡아주는 모습이 규칙적인 무늬를 가진 패턴처럼 자연스럽고 편안해 보였다. 은빛 머리 되기까지 '평생 절친'으로 함께하다 '통합의 노년'을 보내는 모습에 부럽기도 하다.

두 분이 안 보일 때까지 바라보며 진짜 스킨십은 저런 거 아닐까 하는 생각이 들었다. 자신의 열망에서 나온 뜨거운 스킨

십이 아닌 서로를 위한 스킨십을 나누는 것은 단순히 함께한 세월이 많아서 생기는 건 아닐 거다. 서로에게 필요한 순간을 동시에 알아차리는 건 서로의 맘을 깊이 알아줄 때 가능한 사랑이다. '서로'라는 단어의 발음이 감겨드는 듯 편안하다.

연두와 연초록의 잎사귀들로 싱그러운 봄, 개나리, 진달래, 살구꽃, 목련 등이 앞다퉈 피고, 피어나려 한껏 준비하던 때였다. 꽃이 피어날 때를 제 스스로 알아차리듯 상대가 원하는 것을 스스로 알아차리고 손을 내미는 아름다움이라니. 하지만 노부부에게도 원할 때 손 내밀어주지 않는 상대에게 서운해했던 지난날의 서툼이 있었으리라. 그동안 서운함, 견딤, 이해, 관용의 변주를 절묘하게 하며 그런 경지에 이르렀으리라. 열정의 시간과 받아들임의 시간을 거치며 '책임'이라는 아름다운 단어를 찾기까지 서로가 서로에게 집중하고 또 놓아주길 반복했으리라.

상처 받기 쉬우나 좋은 관계 맺기 어려운 사이, 가족. 매일 손잡으려고 해서, 혹은 손잡아주지 않는다고 원망하는 사이여서 그럴 수 있다. 말하지 않아도 알아서 챙겨주고 제때 잡아주

관계에도 향이 있다

길 바라면 자주 실망한다. 노부부를 보며 자문해보았다. 매일 손 잡을 필요 있을까. 이런 답이 나왔다. 말하지 않아도 '서로' 적시에 손 내미는 노부부처럼 되려면 매일 손잡지 않아도 서로 연결되어 있다고 믿으면 된다고. 바라는 걸 줄이는 것도 방법이라고. 당연히 이 정도는 되어야 한다는 당연의 기준이 터무니없이 높은 것도 가족 사이를 방해하기도 한다.

잘 살려면, 가족과 관계가 좋아야 한다. 그런데 좋은 관계 유지하기 어려운 사이가 가족이다. 가장 이해 잘하고 믿어주며 사랑하는 사이임에도 진가를 몰라주고 인정하지 않는 경우가 많기 때문이다. 그건 내 가족이 이상해서가 아니다. 논어와 성경에도 나오듯 가까운 사람을 기쁘게 하는 일이 어렵고 고향과 친척, 자기 집에서 외려 배척당하기도 한다. 그만큼 가까울수록 인정받기 어렵고, 좋은 관계를 유지하기 쉽지 않은 것이다. 이런 사실을 받아들이면 원망이 안 나온다.

알고 보면 매일 손잡고 있지 않아도 이미 잡고 있는 사이가 가족이다. 코로나19를 겪으면서 이미 입증되었다. 현관문을 열고 들어가면 마스크를 벗었고 모두와 거리를 둘 때도 가족과는 모여서 일상을 누렸으며 마주 보고 함께 식사했다. 가족은 그런 사이다. 이미 알아주고, 지켜주고, 손잡고 있는 사이인 것이다. 절체절명의 어려운 시기일수록 손잡고 가는 사이, 서로 지켜주는 사이, 매일 손잡지 않아도 이미 잡고 있는 사이. 가족은 그런 사이다.

관계에도 향이 있다

이쁘게 말하지 않는 사람은
항상 있기 마련이다

쉽게 상처 받고 힘든 모습 보이면
그런 사람들만 모인다.
'잘 듣기 리스트'가 필요하다.

누가 들어도 기분 나쁜 말, 상처 받을 말을 하고도 상대가 아파하거나, 반박하면 "왜 그렇게 예민하게 받아들여?" "왜 그렇게 자존감이 낮아?" 하며 남의 멀쩡한 자존감까지 낮추는 사람이 있다. 자기가 한 말은 생각하지 않고 상대 탓하며 이중상처 주는 사람이다. 반면에 남의 말을 과대해석하거나 왜곡해서 스스로 스크래치 내는 사람도 있다.

말하기와 듣기 중 어떤 게 어렵냐고 물으면 나는 주저 없이 '듣기'라고 말한다. 말하기의 주체는 '나'이므로 내가 조심해서 하면 된다. 듣기도 주체는 나지만 '상대의 말'에 좌우되는 수가 많다. 말을 골라 들으면 된다지만 결코 쉬운 일은 아니다. 골라서 듣기 전에 내 귀가 이미 들어버렸고 어느새 심중에 박혀버릴 때가 있다. 아프게 하는 말은 더 빨리 감지한다. '저 사람은 말을 해도 어떻게 골라서 아프게 할까?' 해봐도 소용없다. 자기 맘대로 말하는 사람을 어쩔 수 없는 것이다. 유난히 말 상처를 잘 받는 사람이라면 그런 사람 때문에 괴롭다.

혜수 씨도 그런 경우다. 말 때문에 일도 관계도 다 내려놓고 싶을 때가 많다. 혜수 씨와 이야기를 나누다 보면 그의 주변엔

관계에도 향이 있다

'말을 해도 꼭 그렇게 하는 사람들만' 있는 것 같다. 혜수 씨는 사람이 무섭다. 물론 안다. 그 사람들을 어쩌지 못한다는 것. 그래서 더 괴롭다.

　반면 남의 말 들으면서도 꼭 그렇게 듣는 사람도 있다. 꼬아 듣고 삐딱하게 듣고 남의 말에 주기적으로 상처 받는 사람이다. 자기연민이 심하거나 자격지심에 사로잡히면 상대가 주지도 않은 상처를 받았다며 스스로 아파하고 상처 낸다. 그렇게 듣는 것이 습관이 되어 그렇다.
　상처 주지 않는 말하기도 중요하지만 자존감 높은 듣기도 못지않게 중요하다. 상대의 말을 자기식대로 해석해서 주지도 않은 상처 받았다고 아우성치면 상대가 "미안해, 상처 받으라고 한 말 아니었어" 하면 좋겠지만 속으로 '왜 저래?' 할 뿐이다. 상대에게 말려들어 말꼬리 잡고 늘어지면 시시해 보이고, 네 말에 상처 받았다고 원망만 하는 이상한 사람이 된다. 듣는 태도와 반응이 곧 나다.

　놀림 잘 받는 아이들을 보면 특징이 있다. 친구가 조금만 놀리면 징징거리고 운다. 자판기 같은 아이의 이런 반응에 친구들은 자꾸 징징거리게 하는 버튼을 누른다. 재밌어서다. 유감스럽게도 어른의 세계에서도 이런 일은 일어난다. 사람 봐 가면서 한다는 말이 있지 않은가.

상대에게 끌려가지 않고 자존감 높여 들으면 무엇보다 내가 좋다. 누구도 함부로 말하지 못한다. 아무도 내게 상처 줄 수 없다. 드라마 대사를 보면 "네가 나한테 어떻게 이럴 수 있어?" "다른 사람은 다 그렇게 말해도 너는 나한테 그렇게 말하면 안 되지"라며 받아치는 대사가 있다. 그런 대사를 들으면 자격지심이 느껴진다. 내게서 그런 말이 나오지 않도록 상대를 잘 만나야 하지만 자존감 높은 태도로 들으면 어떤 말도 나를 괴롭히지 못한다.

"무슨 말을 그렇게 해!" 대신 "그렇게 생각했어?" 하고 잠시 시간을 두고 숨 고르면 될 것을 "나는 할 말 없는 줄 알아?" 식으로 받아치면 말싸움만 된다. 대체로 따지고 들어가는 사람이 패자가 될 확률이 높다.

말하는 사람은 생각 없이 말할 수 있다. 말하다 보면 생각보다 말이 먼저 나올 때가 있어서 그렇다. 말하고 아뿔사, 뒤늦게 실수를 깨닫기도 한다. 하지만 듣는 사람은 그 사람의 말을 입력하고 해석하느라 말하는 사람보다 이성적이 된다. 귀담아들을 말은 듣지만 그렇지 않을 말은 골라내면 된다. 옥석을 가려 듣는 것이다. 말하는 사람의 태도, 표현 방식에 너무 집착하면 나만 힘들다.

아무리 생각해도 이상한 사람은 있기 마련이다. 그를, 내가 어쩔 것인가. 이상한 몇몇 때문에 관계 맺는 것이 두렵고 인간이 싫어지면 나는 문밖을 나설 수도 없다.

혜수 씨는 '잘 듣기 리스트'를 만들었다. 첫 번째가 자존감 높은 듣기다. 두 번째는 흘려버릴 말은 흘려보내기다. '저 사람은 저렇게 말하는 사람이구나'라는 생각이 도움 된다고 했다. 생각해보면 상대의 말 때문에 스스로를 아프게 하는 일이 많았던 것이다. 그 사람 말을 붙잡고 속끓여봤자 자신만 예민한 사람, 이상한 사람 되는 것을 너무 늦게 깨달았다고.

혜수 씨만 그런 게 아니다. 흘려버릴 말을 가슴에 넣고 스스로를 아프게 하는 사람. 이상하게 말한 사람은 정작 까마득히 잊었는데 들은 나 혼자만 끌어안고 있다가 뒤끝 있는 사람으로 취급받는 경우도 있다.

쉽게 상처 받지 말자. 쉽게 상처 받으면 상처 주는 사람들이 주변에 넘쳐난다. 상처 받고 힘든 모습 보이면 그런 사람들만 모인다. 어쩌면 상처 받고 어쩔 줄 몰라 하는 내가 원인 제공자일 수 있다. 말을 해도 꼭 그렇게 하는 사람은 지금도 있고, 앞으로도 있을 거다. 휘둘리지 말자. 그에게 내 감정의 버튼을 맡기지 말자.

관계에도 향이 있다

■ 독자 여러분의 소중한 원고를 기다립니다

메이트북스는 독자 여러분의 소중한 원고를 기다리고 있습니다. 집필을 끝냈거나 집필중인 원고가 있으신 분은 khg0109@hanmail.net으로 원고의 간단한 기획의도와 개요, 연락처 등과 함께 보내주시면 최대한 빨리 검토한 후에 연락드리겠습니다. 머뭇거리지 마시고 언제라도 메이트북스의 문을 두드리시면 반갑게 맞이하겠습니다.

■ 메이트북스 SNS는 보물창고입니다

메이트북스 홈페이지 www.matebooks.co.kr

책에 대한 칼럼 및 신간정보, 베스트셀러 및 스테디셀러 정보뿐만 아니라 저자의 인터뷰 및 책 소개 동영상을 보실 수 있습니다.

메이트북스 유튜브 bit.ly/2qXrcUb

활발하게 업로드되는 저자의 인터뷰, 책 소개 동영상을 통해 책에서는 접할 수 없었던 입체적인 정보들을 경험하실 수 있습니다.

메이트북스 블로그 blog.naver.com/1n1media

1분 전문가 칼럼, 화제의 책, 화제의 동영상 등 독자 여러분을 위해 다양한 콘텐츠를 매일 올리고 있습니다.

메이트북스 네이버 포스트 post.naver.com/1n1media

도서 내용을 재구성해 만든 블로그형, 카드뉴스형 포스트를 통해 유익하고 통찰력 있는 정보들을 경험하실 수 있습니다.

STEP 1. 네이버 검색창 옆의 카메라 모양 아이콘을 누르세요. STEP 2. 스마트렌즈를 통해 각 QR코드를 스캔하시면 됩니다. STEP 3. 팝업창을 누르시면 메이트북스의 SNS가 나옵니다.